Ⓢ新潮新書

溝口 敦
MIZOGUCHI Atsushi

薬物とセックス

698

新潮社

はじめに

芸能人やスポーツ選手は、ときに覚醒剤《かくせいざい》や大麻《たいま》、MDMAなど違法のクスリを使って逮捕され、一定期間、テレビや新聞、雑誌で大騒ぎされる。

こうした薬物事件を見聞きするにつけ、いくつか気がつくことがある。一つはたいてい男女のカップルが一緒に使用していること、もう一つは若干、日時にズレがあるが、男女が覚醒剤取締法違反（所持、使用など）とか、同じ罪名で逮捕されていることである。

男女のカップルは薬物を使った上でセックスしていたのではないかと、ある程度、世間を知っている人間は疑う。

覚醒剤を使ってのセックスを指す、シャブセックス、キメセク、ヅケマンなどの俗語さえ存在する。その程度には一般人にも知られている行動だろう。

一部の人にとって、キメセクがこの世で行われていることは常識だが、多くのメディアも関係の官公庁も学者も、なぜか両者の結びつきに言及したがらない。覚醒剤とセックスを結びつけることが覚醒剤の魅力を増してしまうと考えるのか、キメセクへの言及はかえって事実を広く知らしめ、国民にとって危険とでも考えているのか。それともそこまで言うと、余りに品が悪い、はしたないとでも考えているのか。

事実ならハッキリ見るべきだし、言うべきだと筆者は考える。言及することに副作用があるとしても、そのときには副作用の事実を解きほぐして、無害化するだけである。もともと生理的な事がらに上品、下品は関係ない。

正確に薬物の使われ方を知ることなく、「ダメ。ゼッタイ。」とか「覚醒剤やめますか、それとも人間やめますか」と言ったところで、覚醒剤は根絶できまい。人が覚醒剤と出会うそもそものところから知ることが、覚醒剤対策の第一歩になることは当然だろう。

それともう一つ、薬物事件を見ていて気がつくことは覚醒剤の薬理作用には男女差があるらしいということである。どうも覚醒剤による作用効果、情動に対する刺激は男より女の方により強く出る傾向がある。

今、あまり使われる言葉ではないが、「淫乱《いんらん》」という言葉がある。端的にいえば、覚醒剤を使うと、男より女の方がより「淫乱」になる傾向が強いと感じる。だから女性は男性以上に覚醒剤の使用に対して、より潔癖でなければならないし、また女性に対して、そのような学校教育、一般人教育がなされなければならないと筆者は考える。

たぶん薬理学者はこうした事実を認めたがらないだろう。私は寡聞《かぶん》にして、覚醒剤の薬理作用の男女差について、研究者がいるのかどうかさえ知らない。

しかしヒトの身体に男女差があるのは厳然とした事実である。覚醒剤を性的に使おうとする者にとって、性差は当たり前すぎる前提であり、性的な面への出現を期待して覚醒剤を使う以上、薬効に性差が出るのは当然ともいえる。

覚醒剤を最初に使おうと持ち掛けるのはたいていの場合、男のはずだ。持ち掛け、摂取を実行させた男が女の覚醒剤乱用に関して、きっかけを与え、覚醒剤を提供した責任をもたなければならないことはいうまでもないし、乱用の元凶は男だと断定してもいい。

筆者は二〇一五年、角川新書の一冊として『危険ドラッグ――半グレの闇稼業』を出したが、正直なところ、薬学はもちろん覚醒剤の専門家でもない。かつてシャブ中（シャブは覚醒剤の俗語、覚醒剤依存症）だったわけでもなく、薬学に特に詳しいわけでもない。しいて筆者の専門を挙げるなら社会畑の分野であり、薬物事件もまたその守備範囲というにすぎない。

それにもかかわらず、本書を書いたのは薬物の乱用問題に関して隔靴《かっか》掻痒《そうよう》感があったからである。二、三筆者が気づいたことを先に挙げたが、この程度のことでさえ覚醒剤や薬物関係の専門書には、筆者の知るかぎり、触れられていないのだ。

傍目《おかめ》八目《はちもく》ということがある。端で見ていた方が盤面が分かる場合があるのだ。

しかし、そうはいっても、専門的な知識を踏まえておかなければ、本書の信頼性は確保できない。幸い筆者には厚生労働省麻薬取締部の関係者に古くからの友人がいる。本書を書くに当たっては、その人を中心に知識と智慧を借り、場合によっては随時コメントとして引用させて頂いた。

また、覚醒剤をはじめ薬物の使用や所持はおおよそ犯罪になる。そのために過去、薬物の使用経験のある者は好んで口にしたがらず、取材やインタビューにも答えない傾向がある。しかし、中に自虐的なまでに自分の薬物体験を語る者がいるし、語った著作や出版物もある。学問的な権威や信頼性を備えたものとはいえないが、語られた事実、記された言葉は、時に事実だけが持つ衝撃力と迫真性を持つ。ある意味、自分の不利益をものともしない冒険者、先覚者《せんかくしゃ》の著作ともいえよう。

本書ではそうした著作物なども大いに紹介、活用させてもらっている。他にデータがないからというやむを得ない事情もあるが、それらの多くは俗に堕《だ》すとはいえ、他に代え難い事実の重みを蔵《ぞう》しているからだ。また本書では表記を「覚醒剤」に統一した。法律上、「覚せい剤取締法」が正式だが、これは一九四六年に定めた当用漢字に「醒」が入っていなかったからにすぎない。マスメディアも「覚せい剤」と表記しているが、「醒」は読みにくくはないし、見慣れない漢字でもない。両者を使い分けすること自体、繁雑で無用の混乱を招く。「覚醒剤」での統一を了とせられたい。

（本文中、敬称略）

薬物とセックス∞目　次

第一章

なぜカップルで使うのか？

清原和博の語られざる動機

元プロ野球選手の清原和博《きよはらかずひろ》が、二〇一六年二月に覚醒剤の所持、譲り受け、使用の容疑で逮捕・起訴され、同年五月、東京地裁で公判が開かれた。

検察側が「遅くともプロ野球選手を引退した二〇〇八年ごろから覚醒剤を繰り返し使用するようになった」と清原の覚醒剤使用の開始時期をゆるく指定したのに合わせ、清原自身も弁護士から「薬物をいつから使用していますか」と聞かれた際、「(選手を)引退して間もなくです」と答えた。

清原の〝覚醒剤友だち〟、すなわち巨人軍で同僚だった元投手(かつて薬物の使用で前科がある)や、やはり薬物で有罪判決を受けたことがある事業家などはもっと早い時期、清原が巨人軍に入団して間もなく、九八年ごろには薬物を使用していたと、メディアの取材に答えていた。

その通りならば、清原による薬物使用の履歴はここ八年ぐらいの話ではなく、少なくとも一〇年以上さかのぼると見られる。

しかし、検察は薬物の開始時期を厳しく確定しようとせず、「遅くとも二〇〇八年過ぎ」と曖昧にすませた。清原が覚醒剤で逮捕されたのは今回が初めてであり、彼は覚醒剤の初犯である。初犯は懲役二～三年で執行猶予がつき、猶予期間は二～四年が相場とされる。実刑は科さないのだから、検察も清原をぎりぎり詰めていく必要がなかったのだろう。

清原はいつ覚醒剤を始めたのか、彼の覚醒剤使用歴がどのくらいか、それによる彼の直近の常用量はどのくらいだったのか――などは検察や裁判所の関心外だったといってよかろう。

また清原は公判で弁護士から「なぜ使用していたのですか」と問われ、

「自分は九歳から野球を始めて、引退するまで、その中のストレスやプレッシャーは、すべて野球で解決していました。しかし引退後は社会での日頃のストレスやプレッシャーの解決法がなく、ひざの故障で思うように動けないこともあり、薬物に手を染めたと思います」

と、きれい事の答弁で済ませた。

彼の答弁は最低限、法廷で反発を買わなければ、それで目的を達する。真実を告げることより、社会的に理解や同情を買えそうな内容を展開できれば、それで上々なのだ。清原の言い分はまったく信用できない。覚醒剤乱用者の全てがとはいわないが、乱用者の多くは覚醒剤の使用とセックスでの快楽を結びつけている。清原もその例外ではなく、むしろ典型的な乱用者というべき位置を占めている。

この辺りの論証は追い追い進めていくつもりだが、とりあえず結論的にいえば、清原に限らず、覚醒剤を始める大きな動機の一つにセックスがあることは広く認識されていい。

だが、清原側はもちろんのこと、検察側も清原が覚醒剤にはまった事実を深く掘り下げようとはしなかった。使用の真相を解明することが、今後起きるかもしれない再犯の危険を減らすものであったとしても、双方にとって関心外だった。つまり公判は清原に執行猶予つきの判決を読み上げるためだけの儀式に終わった。

同年五月末の判決が覚醒剤乱用という事実を解明することはなかった。予想通り清原への判決は懲役二年六月（六カ月のこと）、執行猶予四年となり、検察側、清原側、ともに控訴しなかったため同年六月中旬、刑が確定した。

よってこの公判や判決から覚醒剤使用の実態や乱用者に対する害悪を解明することはできない。

覚醒剤、あるいはコカインや合成麻薬MDMA、大麻などを含めた薬物を使用したセックスは世間が思う以上に深く広く蔓延《まんえん》している。

押尾学とMDMA

参考までに、ここ一〇年ほどの間に、芸能人や有名人が起こした薬物事件を振り返ると、おおよそこの間の事情は推察できる。

俳優でミュージシャンの押尾学《おしおまなぶ》は〇九年八月、六本木ヒルズの一室で銀座のクラブホステス（事件時三〇歳）と情交中、彼女を死なせた。

押尾によると、押尾は彼女を六本木ヒルズの一室に呼び出し、MDMAを渡して一回セックスした。シャワーを浴びた後、二回目のセックスをするために、ホステスがMDMAを服用したところ、ベッドでうなり声をあげ、白目を剝《む》いて泡をふくなどの症状が出た。

押尾がこのとき救急車を呼ぶなど、誰でもが行う常識的な措置をとっていれば、彼女は一命を取り留めただろうが、押尾が考えたことは、通報により事件が表沙汰になる——つまりスキャンダルとして報じられる——芸能人として後がなくなる——ということだった。そのため押尾はまず自分のマネジャーを現場に呼び出し、駆けつけたマネジャーが押尾の携帯電話を捨てるなど、押尾が部屋にいた痕跡を拭い去った後、ようやく一一九番通報したから、彼女は二度と息を吹き返さなかった。

MDMAは押尾がホステスに渡したものである。逆に押尾が主張したようにホステスが押尾に渡したものではないことは、その後の捜査で証明されている。

ここでMDMAについて若干説明しておこう。

MDMAは覚醒剤のアンフェタミンと類似した化学構造を持つ化合物である。ただし覚醒剤は興奮剤に分類されるが、MDMAは幻覚剤に分類される。

正式名称は3，4－メチレンジオキシメタンフェタミンで、俗称としてはエクスタシー、モリー、タマ、バツ、ペケなどがある。香港や上海では揺頭（ヤオトウ、MDMAよりメタンフェタミンの含有量が多い）と呼ばれる。

ふつうは口から服用され、三〇分から四五分ほどで脳内のセレトニン等を過剰に放出させ、使用者に多幸感、他者との共感などの変化をもたらすとされる。この状態が四〜六時間続く。

ＭＤＭＡの錠剤にはルイ・ヴィトンやシャネル、三菱スリーダイヤなどの商標が刻印されていることが多く、その内容物はさまざまで、成分・薬効についてはほとんど信用できないとされる。ＭＤＭＡがまったく入っていないもの、五〜六割入っているもの、メタンフェタミンやケタミン、カチノン系の危険ドラッグなど他の薬物が入っているもの、また「薬物」とはいえないカフェインやエフェドリンが入っているものなど、人体への影響度がほとんど測れないからだ。

副作用としては使用後の抑鬱《よくうつ》気分、異常高熱、低ナトリウム血症などが挙げられるが、ＭＤＭＡの使用者は概して他の薬物などを乱用する者が多く、薬害の原因が探りづらい面があるとされる。

日本では麻薬及び向精神薬取締法で規制され、輸入、製造は一年以上一〇年以下の懲役、使用は七年以下の懲役である。諸外国でも規制ないし禁止されていることは日本と同じである。

インターネット上に「危険ドラッグ・麻薬・辞めとけ！経験者は語る」というウェブ

サイトがある。薬物の体験者が、薬物依存の人をやめさせるために情報や投稿を載せているサイトだが、そこに女性が書いたと見られる次のようなMDMA体験が記されている。

〈服用から三〇分程度たつとスイッチをオンにしたようにガツンと効果が表れて薬効が切れるまで、瞳孔が開き、高い声が出るようになり、歯が折れたり内頬がザクザクになるほど無意識に歯を食いしばり続けます。

音楽やSEXが最高に気持ちよくなり、一緒に使用している人と深い友情、愛情に結ばれているように思えます。

実際はタイプでは全くない不細工な異性なのにもかかわらず、色っぽい美人に見えて、尋常じゃない性欲がやってきますが、チン〇ンは立ちません。

しかし覚醒剤同様に全身クリトリスになったと思わんばかりの快楽があります。

効果が出ている間は体温調節が分からなくなり、現状が暑いのか寒いのか分からなくなります。

人によってはクラブなどで効果が切れるまで永遠に踊り続けたり、酷い幻覚を見て苦

しんだり、痙攣や嘔吐して最悪の場合、死にます〉

男性の場合、ＭＤＭＡの使用で勃起《ぼっき》しなくなるというのは事実らしい。そのためヨーロッパではＭＤＭＡ使用時にはバイアグラも一緒に服用する者が増えているという（久保象『ドラッグの教科書』）。

押尾は彼女には飲ませても、自分は飲まなかったか、同時にバイアグラを服用したか、どちらかになろう。

この事件で押尾は麻薬及び向精神薬取締法違反（自己使用）で逮捕・起訴された。妻の女優・矢田亜希子とは事件直後に離婚した。

同年一一月、東京地裁は押尾に懲役一年六月、執行猶予五年の判決を下《くだ》した。が、別にホステスを死亡させた保護責任者遺棄致死罪での裁判があり、二〇一〇年、裁判員裁判は押尾に二年六月の実刑判決を下した。押尾は判決を不服とし、控訴、上告したが、いずれも棄却され、一二年三月に服役した。

押尾のケースは不倫であり、かつ典型的な薬物使用のセックスといえる。

なぜセックスに薬物を使うかといえば、性交時により強烈な快感を引き出すためと推測される。

ＡＳＫＡの顚末

二〇一四年五月、ミュージシャンのＡＳＫＡが覚醒剤の所持容疑で警視庁に逮捕された。彼は一〇年来愛人関係にある会社勤めの女性（事件時三七歳）が借りる港区南青山のマンションから出てきたところを警視庁組対五課の捜査員に囲まれた。

逮捕当初、ＡＳＫＡは容疑を否認したが、尿検査で覚醒剤の陽性反応が出た。また家宅捜索の結果、目黒区の自宅からは覚醒剤やＭＤＭＡと見られる粉末や錠剤が発見された。会社勤めの女性も同じ容疑で逮捕された。五月末、二人とも覚醒剤の使用、ＭＤＭＡの使用容疑で再逮捕された。

同年八月、東京地裁で初公判があり、九月に懲役三年、執行猶予四年の判決が言い渡された。相手の女性は頑強に覚醒剤の使用を否認したが、一五年一月、東京地裁は懲役二年、執行猶予三年の有罪判決を言い渡した。女性は判決を不服として東京高裁に控訴したが、判決は変わらず、控訴を棄却した。

女性はＡＳＫＡと避妊せずに性交渉していたことを認めている。彼女はＯＬだから週末しか会社は休めない。ＡＳＫＡは週末に彼女をマンションに訪ね、覚醒剤やＭＤＭＡを使用した上でセックスしていたと見られる。

覚醒剤などの薬物はたいてい男女のカップルがセックスするときに使われている。もちろんそうではなく、男女とも単独で使用することもある。

一九八一年に発生した深川通り魔殺人事件は詳細が分からないままに終わったが、単独使用の果てだった可能性が高い。覚醒剤依存の乱用者が兇悪事件を起こしがちというイメージは根強いが、覚醒剤乱用に由来する兇悪事件を探してみると、意外にも少数の例しかないことに気がつく。だからこそ覚醒剤の使用、所持レベルだと男女のカップルによる事件を思い起こしがちなのだろう。

警察や厚労省の麻取（麻薬取締部）も覚醒剤使用＝カップル犯罪といった事情は承知し、職務質問して男が覚醒剤を持っていたなら、そのとき男に同行している女にも警察署への任意同行を求め、あくまでも強制ではなく任意の形で尿検査を受けることを承諾させる。係の警官や取締員が体験的に学んでいることは、女からも覚醒剤の陽性反応が出るだろうということである。

酒井法子と覚醒剤

このことの典型が酒井法子《さかいのりこ》のケースだろう。
二〇〇九年八月、酒井の夫であるプロサーファー高相祐一《たかそうゆういち》は車で渋谷に出かけ、路上に駐車していたところ、警官の職務質問をきっかけに、車内から覚醒剤らしきものが発見された。高相は覚醒剤の所持容疑で渋谷署に連行されそうになり、そのことを携帯電話で妻の酒井法子に伝えた。酒井は高相を助けるべく現場にすぐ駆け付けたが、これがかえってやぶ蛇になった。

警官は、酒井にも署に来てくれるよう任意同行を求めたのだ。酒井はこれを拒否して家に取って返し、荷物をまとめて子供を知人に預け、早々に家を離れた。

シャブ抜きという言葉がある。ふつうは摂取した後、約二週間、覚醒剤成分が尿中に排出されると考える。高相が逮捕される前の七月、高相と酒井は子供を連れ、奄美大島に皆既日食を見に出かけていた。

この際、宿泊したホテルでも覚醒剤を吸引していたことが判明したから、酒井法子は警察での尿検査を恐れて逃亡したものと見られる。

酒井の留守中、警察は酒井の自宅を家宅捜索し、酒井の唾液が付着していた吸引具を発見し、覚醒剤取締法違反で逮捕状を取った。

酒井は五日間ほど行方をくらませた後、八月八日になって警察に出頭、逮捕された。九月、酒井は保釈保証金五〇〇万円を払って勾留されていた東京湾岸警察署から保釈された。同年一〇月、東京地裁で裁判が始まった。酒井は起訴事実を認め、「夫と離婚して覚醒剤を断ち切りたい」「芸能界を引退し、介護の仕事をやりたい」などと述べた。彼女には懲役一年六月、執行猶予三年の判決が言い渡され、控訴しなかったから、そのまま刑が確定した。

酒井がなぜ覚醒剤を始めたかについて、事件後、高相は週刊誌のインタビューに答えて次のように語っている。

結婚から五年たったころ、高相が自宅キッチンで覚醒剤をあぶりで吸引していると、酒井に見つかり「何、それ?」と聞かれた。「元気が出るクスリだよ。やってみる?」と誘ったら、酒井は「うん」と答えた――。

このやり取りが事実だったかどうかは分からない。が、高相―酒井夫婦が仲よく夫婦して覚醒剤を使っていたことは疑う余地がないのではないか。

やめられない常習者・田代まさし

元タレントの田代まさしは二〇一〇年九月、横浜赤レンガパークの駐車場で警官の職務質問を受けた。たまたまアジア太平洋経済協力会議（ＡＰＥＣ）国際会議開催のため、福岡県警の警官が応援警備に当たっていた。警官の勘が鋭かったのだろう、職務質問の後、田代の車からコカインを入れたポリ袋が発見された。

これで田代は麻薬及び向精神薬取締法違反の容疑で現行犯逮捕された。田代としては四回目の逮捕である。

田代も逮捕時、女と一緒だった。このときは美容室経営の女と同行し、彼女は別に覚醒剤を持っていたから覚醒剤取締法違反の容疑で逮捕された。後日、女のポーチや自宅から覚醒剤、コカイン、大麻が発見され、田代も覚醒剤の共同所持容疑で再逮捕された。

一一年七月、横浜地裁は田代に対し、薬物の常習性が顕著として、懲役三年六月の実刑判決を下した。直後に田代は東京・府中刑務所で服役した。

田代は再犯を繰り返し、シャブ中（覚醒剤依存症）の域に達していたといってよかろう。

報道されるところによると、田代自らが認めているというが、九一年、田代は家族でハワイに観光旅行した際、覚醒剤を買い、そのとき初めて覚醒剤を使ったという。

　田代は二〇〇〇年、女性の下着の盗撮で東京都迷惑防止条例違反に問われ、東京簡裁で罰金五万円の略式命令が下るなど、いくつか逮捕歴がある。〇一年一二月には近所の男性宅風呂を覗いたとして、軽犯罪法違反容疑で現行犯逮捕された。このとき警察は自宅を家宅捜索し、覚醒剤を発見し、覚醒剤の所持・使用で再逮捕、裁判では懲役二年、執行猶予三年の判決が下された。

　三回目は〇四年九月のことで、覚醒剤と刃渡り八センチのバタフライナイフを持っていたとして銃刀法違反と覚醒剤取締法違反の現行犯で逮捕され、懲役三年六月の実刑判決を受けた（ミリオン出版『日本のタブー――芸能人・有名人が過去に起こした犯罪＆事件』など。以下同書を参考にした部分がある）。

ＡＶ女優からアイドルまで

　ＡＶ女優の小向美奈子《こむかいみなこ》の場合もカップルでの使用だった。最初に彼女がつき合っていた男が〇八年六月、覚醒剤取締法違反で逮捕された際、家宅捜索され、微量の覚醒剤が付着した吸引具が発見された。警察の追及に男は「小向美奈子も一緒にやっていた」と供述した。

半年後の〇九年一月、小向は六本木の路上で捜査員に声を掛けられ、警察署への任意同行に応じた。署での尿検査の結果、小向には覚醒剤の陽性反応が出た。持っていた覚醒剤が微量だったため、覚醒剤の所持では起訴猶予になったが、使用で起訴された。小向は「六本木のクラブで知り合いの外国人女性に勧められた」と供述した。覚醒剤取締法違反（使用）で追送検され、裁判では懲役一年六月、執行猶予三年の判決が言い渡された。

一一年二月には覚醒剤を譲り受けたとして逮捕状が出たが、フィリピンに出国し、帰国後逮捕された。だが、三月になって証拠不十分で処分保留、釈放された。

ＡＶ女優の倖田梨紗も男と一緒に覚醒剤や大麻を使っていた。彼女は〇八年一一月、厚労省関東信越厚生局麻薬取締部により覚醒剤と大麻で逮捕された。逮捕後、つき合っていたプロテニス選手・宮尾祥慈の気を引くために大麻を日本人のバイ人から買ったと供述、麻取は宮尾も大麻取締法違反（所持）で逮捕した。

彼女は「〇七年八月ごろから覚醒剤を常習していた。女友達からバイ人を紹介され、月に一回購入、主にあぶりで使用していた」と供述した。翌一二月の裁判では祖父の死や交際相手との破局を挙げ、「寂しかった。母は病気で相談できなかった」と号泣し、懲役一年六月、執行猶予三年の判決が言い渡された。

だが、〇九年二月、尿検査で覚醒剤反応が出、またもや厚労省の麻取に逮捕された。これで倖田は懲役一年四月の実刑判決を受けた。

「光ＧＥＮＪＩ」のメンバーだった赤坂晃も女と楽しむために覚醒剤を使っていた。彼は覚醒剤では二度逮捕されている。一度目は〇七年一〇月で、豊島区東池袋の路上で大塚警察署の警官により覚醒剤一グラムを所持していたとして現行犯逮捕された。この事件で所属していたジャニーズ事務所は赤坂を解雇し、事件に先立つ同年三月、赤坂が離婚していたことも明らかにされた。

事件により赤坂は懲役一年六月、執行猶予三年の判決を受けた。

赤坂は自ら起業した飲食店を手掛けていたが、宿泊していた新宿区内のビジネスホテルの一室に、たまたま千葉県警の家宅捜索が入った。この部屋に赤坂と交際している女性も寝泊まりしていることが分かり、尿検査の結果、二人とも陽性反応が出た。そのため、赤坂は執行猶予中の逮捕となった。一〇年三月、千葉地裁は赤坂に懲役一年六月の実刑判決を言い渡した。

サザンオールスターズのリードギターをつとめた大森隆志は〇一年にサザンを脱退し、ソロ活動に入ったが、〇六年、警察が大森を内偵し、彼の自宅を家宅捜索した。その際、寝室に置いた覚醒剤一〇グラムと乾燥大麻四〇グラムを発見、大森は妻と一緒に現行犯逮捕された。警察は大森自身が暴力団組員で、薬物のバイ人と疑っていた。同年七月、大森には懲役二年六月、執行猶予四年の判決が下りた。

アイドルグループ「フォーリーブス」のリーダーだった北公次はグループ解散翌年の七九年四月、覚醒剤取締法違反で逮捕された。北と不倫関係にあった女性が離婚調停でもめ、夫が「妻は覚醒剤常用者であり、北公次にも覚醒剤を勧めて常用患者にした」との訴状を提出、その余波で北の逮捕となったのだ。

北の供述によると、北は七五年から覚醒剤の摂取を始め、グループ末期の三年間は覚醒剤を一日も欠かさないほどの依存症患者になっていたという。

ロックグループ「横浜銀蝿」のボーカル翔は九七年、女性が「翔に覚醒剤を打たれた」と証言したため逮捕されたが、尿検査で反応が出なかったため、処分保留で不起訴になった。二回目の逮捕は九八年九月。翔の愛人が家宅捜索され、覚醒剤と大麻を発見された逮捕、「翔と二人で使った」と供述したため、翔も逮捕された。このときは翔本人の尿から覚醒剤の陽性反応が出たため、一年四月の実刑判決を受けた。

三回目は〇三年四月、都内の路上で警官に職務質問された際、車のダッシュボードに入れた覚醒剤が見つかり、一年一〇月の実刑判決を受けた。

有名人たちの薬物遍歴

以上、長々と過去の有名人覚醒剤使用事件を並べたが、これで分かるとおり、男女が一緒に覚醒剤を使うケースが圧倒的に多い。いわゆるキメセクであり、ヅケマンともいう。

現代において覚醒剤の使用はセックスと切り離せない関係にある、と最初から認識しておいた方が、薬物をより正確に見ることができるのではないか。そうではない使用もあるのは事実だが、主流はキメセクの手段としての覚醒剤、薬物という認識である。

つまり覚醒剤はセックスの備品になることでクスリとして延命したともいえよう。次章で詳しく述べるが、清原も覚醒剤をセックスのために使っていたと推定できる。

インターネットに「いちらん屋」というサイトがある。そこに「覚醒剤で逮捕された有名人・芸能人の一覧」が掲示されている。

名前ぐらい聞いたことがある人も、そうでない人もいるのだが、その人数の多さには今さらながら驚く。政治家なども名を連ね、覚醒剤が広く社会各層に蔓延していることが如実に分かる。参考までにこれまでに取り上げた人物以外の有名人を、抜き書きでも少々多くなるが、掲載順に紹介しておこう。

・元L'Arc~en~Cielのドラマー、ｓａｋｕｒａ（九七年二月覚醒剤所持で逮捕、懲役二年、執行猶予三年）
・歌手、ロックミュージシャンのカルメン・マキ（八〇年大麻で逮捕後、保釈中に覚醒剤の使用でまた逮捕）
・米国籍を持つテノール歌手、ジョン・健・ヌッツォ（〇八年一一月覚醒剤の所持で現行犯逮捕。懲役一年六月、執行猶予三年）
・ロックバンド「ゴダイゴ」のキーボードプレイヤー、ミッキー吉野（九二年覚醒剤使用で逮捕。懲役一年六月、執行猶予三年）
・ミッキー・カーチスの長男でバンド「ＴＨＥ ＢＩＧ ＢＡＮＤ!!」のメンバー、ユージン・カーチス（九八年九月覚醒剤と大麻の所持で逮捕、懲役一年六月、執行猶予三

年）

・AV女優・愛沢ひな（〇九年六月覚醒剤で逮捕、懲役一年六月、執行猶予三年）

・俳優、歌手、作詞家の園田凌士（〇九年四月覚醒剤で逮捕）

・体操選手でオリンピック代表だった岡崎聡子（九五年大麻所持、執行猶予中に覚醒剤で逮捕、懲役一年六月。九九年、覚醒剤で逮捕、懲役一年八月。〇五年薬物、〇九年薬物、一三年二月覚醒剤で逮捕、不起訴。一三年九月、覚醒剤所持で逮捕）

・シンガーソングライターで音楽プロデューサー、岡村靖幸（〇三年三月、覚醒剤の使用、所持で逮捕、懲役二年、執行猶予三年。が、〇五年五月覚醒剤でまた逮捕され、執行猶予が取り消され懲役一年六月の実刑判決）

・俳優の加勢大周（〇八年一〇月覚醒剤三グラムと乾燥大麻九・四グラムの所持で逮捕、懲役二年六月、執行猶予三年）

・ミュージシャンで、「りんけんバンド」にも所属の我喜屋良光（〇一年一〇月覚醒剤の使用と大麻の所持で逮捕）

・ミュージシャンでPsycho le Cému（サイコ・ル・シェイム）の元メンバー、梶永大士（〇五年六月覚醒剤の使用で逮捕）

・元吉本興業のモデルユニット「ビジュギャル」に所属の加西さおり（〇三年一一月覚醒剤の使用で逮捕）
・俳優・岩城滉一（七七年覚醒剤の購入で逮捕。保釈中に改造拳銃を暴力団関係者に預けた容疑で銃刀法違反でも逮捕）
・女優・芹明香（七六年覚醒剤取締法違反で逮捕）
・韓国出身の演歌歌手、桂銀淑《ケイウンスク》（〇七年一一月覚醒剤所持で逮捕、懲役一年六月、執行猶予三年。これで彼女はビザの延長ができなくなり韓国へ帰国。韓国でも詐欺と覚醒剤の使用で起訴され、一六年八月韓国大法院は彼女の上告を棄却、懲役一年二月と追徴金八〇万ウォンが確定）
・AV女優・原田ひかり（九一年三月覚醒剤取締法違反で懲役二年、執行猶予三年。九二年四月にも覚醒剤取締法違反で逮捕、懲役の実刑判決）
・小説家・原田宗典（一三年九月覚醒剤と大麻の所持で逮捕、懲役一年六月、執行猶予三年）
・元プロ野球選手で野球解説者の江夏豊（九三年三月覚醒剤所持の現行犯で逮捕。初犯ながら所持量が多かったため懲役二年四月の実刑で静岡刑務所に服役）

・俳優、タレントの江木俊夫（九九年七月覚醒剤の使用で逮捕、執行猶予つき判決）
・女優・三田佳子の次男で、俳優、ミュージシャンの高橋祐也（高校在学中、一八歳だった九八年一月覚醒剤取締法違反で逮捕、保護観察処分。その後二〇〇〇年一〇月自宅の地下室で覚醒剤パーティを行い、覚醒剤取締法違反で逮捕、懲役二年、執行猶予五年の判決、〇七年一一月コンビニエンスストアでの覚醒剤使用で逮捕、懲役一年六月の実刑判決）
・歌手・克美しげる（八九年五月覚醒剤所持で逮捕、懲役八月。なお七六年五月愛人を殺害、車のトランクに隠したとして逮捕、懲役一〇年の実刑判決）
・AV女優・沙也加（九四年三月覚醒剤所持で逮捕。三度目の逮捕で実刑判決）
・ギタリスト・寺内タケシの長男でブルージーンズのボーカルである寺内アキラ（〇二年二月覚醒剤の使用で逮捕、懲役一年六月、執行猶予四年の判決）
・俳優・室田日出男（七七年覚醒剤の所持で逮捕）
・俳優で大空眞弓の長男、勝呂元博（〇二年一月と二月に覚醒剤所持で逮捕）
・トンボ鉛筆会長だった小川洋平（〇七年八月覚醒剤の所持で逮捕、懲役二年六月、執行猶予四年。〇八年六月にも覚醒剤の使用で逮捕、懲役一年四月の実刑判決）

・衆議院議員を二期務めた元民主党の政治家・小林憲司（〇五年九月覚醒剤取締法違反で私設秘書二名とともに逮捕、懲役一年六月、執行猶予三年）
・俳優・松田ケイジ（九〇年六月覚醒剤の所持で厚生省関東信越地区麻薬取締官事務所に逮捕、懲役一年八月、執行猶予三年）
・韓国籍の元落語家、笑福亭小松（九六年と〇七年、〇九年に覚醒剤取締法違反で逮捕、〇七年の事件の執行猶予中、〇九年に逮捕されたことで懲役一年六月の実刑判決）
・俳優・仁科貴（〇二年一月大麻と覚醒剤の所持で逮捕、執行猶予つき判決）
・俳優、歌手の清水健太郎（清水健太郎は、幾度となく覚醒剤や大麻の使用で逮捕されてきた）。逮捕歴は以下の通り。

・八三年に大麻取締法違反で逮捕、起訴猶予の判決
・八六年に大麻取締法違反で懲役一年、執行猶予四年の判決
・九四年に大麻取締法違反及び覚醒剤取締法違反で懲役一年六月の実刑判決
・〇四年五月に覚醒剤取締法違反で逮捕され、懲役二年四月の実刑判決
・一〇年八月覚醒剤取締法違反で逮捕され、懲役一年一〇月の実刑判決

・一三年六月合成麻薬α－PVPの使用で麻薬及び向精神薬取締法違反で逮捕、不起訴

・七三年に自動車の運転中に女性をはねる死亡事故を起こし業務上過失致死で逮捕

・〇八年一〇月自動車の運転中に自転車と衝突し、自動車運転過失傷害と道交法違反で懲役七月の実刑判決

・一三年七月脱法ハーブを使用し救急搬送された、清水健太郎の元妻で、女優、DJ、占い師、イベントプロデューサーの森香名子（森麗樹）（一一年一一月覚醒剤の所持で関東信越厚生局麻薬取締部に逮捕）

・アニメ「宇宙戦艦ヤマト」などのプロデューサー、西崎義展（九七年一二月覚醒剤五〇グラム、ヘロイン六グラム、大麻八グラムの所持で逮捕、懲役二年八月の実刑。また九九年二月覚醒剤二〇グラム、自動小銃、実弾約一八〇〇発、擲弾約三〇発の所持で逮捕、懲役五年六月の実刑）

・DREAMS COME TRUE（通称ドリカム）の元メンバーでキーボード担当の西川隆宏（〇二年一〇月義姉への暴行事件で逮捕、収監中の尿検査で覚醒剤反応が出たため逮捕、

懲役一年六月、執行猶予三年）
・AV女優でラッキィ池田の元妻、青山ちはる（九八年覚醒剤の所持で逮捕、執行猶予つき判決）
・歌手・青山ミチ（七八年一〇月覚醒剤取締法違反で逮捕、懲役六月、執行猶予三年。覚醒剤で逮捕される前の七四年三月、万引の現行犯で逮捕）
・音楽プロデューサー・川添象郎《かわぞえしょうろう》（八二年一一月、九九年七月、一三年六月、覚醒剤取締法違反で逮捕。また覚醒剤以外でも大麻の所持、使用、監禁暴行、万引などで幾度となく逮捕）
・元CURIO、現SHOW-SKAに参加のサックス奏者、大久保光信（〇〇年二月、警官の職務質問を受けた際、覚醒剤〇・五グラムの所持で逮捕、懲役一年六月、執行猶予三年）
・俳優で元NHKの九代目「歌のお兄さん」杉田光央（杉田あきひろ）（一六年四月覚醒剤の所持で警視庁に現行犯逮捕）
・九五年に解散したダンス&ボーカルユニット「ZOO」の元メンバー、坂井俊浩（一四年一二月新宿歌舞伎町のホテルで密売人から覚醒剤約一グラムを三万円で購入したと

して一五年七月、麻薬特例法違反の疑いで逮捕）
・元プロボクシングの日本ミドル級チャンピオン、俳優でもある大和武士（一三年五月覚醒剤取締法違反で逮捕。なお、〇八年八月寿司店の店主に包丁を突きつけて暴力を振るい、傷害と暴力行為法違反で逮捕、懲役一年六月、執行猶予四年の有罪判決）
・歌舞伎俳優・中村銀之助（〇五年八月覚醒剤所持で逮捕、懲役一年六月、執行猶予三年）
・ミュージシャンで元JAYWALKのメンバー、中村耕一（一〇年三月覚醒剤所持で逮捕、懲役二年、執行猶予四年。なお七七年には大麻所持で逮捕、懲役一年六月、執行猶予二年、〇七年六月刃渡り八・五センチのアーミーナイフの所持で銃刀法違反で書類送検）
・元競馬騎手でGI級一五勝し、調教師、競馬評論家でもある田原成貴（〇一年一〇月羽田空港で航空機内にナイフを持ち込み銃刀法違反で逮捕。その際覚醒剤の所持が発覚、覚醒剤取締法違反でも逮捕。また〇九年一〇月大麻と覚醒剤の所持で逮捕、大麻取締法違反で懲役一〇月、執行猶予四年。覚醒剤取締法違反では不起訴。さらに一〇年二月の執行猶予中に傷害容疑で逮捕。その取調べの際に覚醒剤の使用が発覚、覚醒剤取締法違

反でも逮捕、懲役二年二月）
・元東京パフォーマンスドールのメンバーで、芸能プロダクション社長でもある田中千鶴（一一年一一月覚醒剤の使用で逮捕、執行猶予つき判決）
・ロックバンド「C-C-B」の元メンバーで、ミュージシャンの田口智治（一五年七月自宅で覚醒剤二袋を所持したとして逮捕。一六年四月都内で覚醒剤を使った疑いで神奈川県警に逮捕。捜査の端緒は田口に覚醒剤を売り渡したとされる知人が四月に逮捕、そのからみで田口の自宅を家宅捜索、注射器などを押収、覚醒剤自体は発見されなかったが、尿検査で陽性反応が出たことから逮捕）
・フォークシンガー・南正人（八〇年一一月カルメン・マキらとヘロインや覚醒剤を使用したことで逮捕）
・俳優・沖雅也の養父でタレントでもある日景忠男（〇五年一一月覚醒剤取締法違反で逮捕。〇八年にも覚醒剤の所持と使用で逮捕、懲役一年二月。〇八年には風俗案内店の女性社長を恐喝した疑いで逮捕）
・ミュージシャンでシンガーソングライター・尾崎豊（八七年一二月覚醒剤取締法違反で逮捕）

・元ジャニーズのアイドルで歌手・豊川誕（九八年一月覚醒剤取締法違反で逮捕、〇〇年にも覚醒剤取締法違反で逮捕。なお九六年四月偽造クレジットカードをスナックで使ったことで逮捕、懲役二年、執行猶予三年）
・映画監督・豊田利晃（〇五年八月覚醒剤所持で逮捕、懲役二年、執行猶予三年）
・元プロ野球選手でオリックス・ブルーウェーブ、読売ジャイアンツ、日本ハムファイターズなどに所属の野村貴仁《のむらたかひと》（〇六年一〇月覚醒剤取締法違反で逮捕、懲役一年六月、執行猶予三年）
・シンガーソングライター、作曲家の槇原敬之（九九年八月覚醒剤の所持で逮捕、懲役一年六月、執行猶予三年）
・AV女優、ストリッパーの水無潤（〇五年一〇月覚醒剤取締法違反、大麻取締法違反、麻薬及び向精神薬取締法違反で逮捕、懲役二年、執行猶予三年）
・モデル、グラビアアイドル、タレントだった早川咲（覚醒剤〇・五グラムと乾燥大麻〇・九グラムの所持で、〇二年二月覚醒剤取締法違反などで逮捕）
・神奈川県葉山町の町議だった細川慎一（一六年二月横浜市中区の路上で覚醒剤〇・六五グラムの所持で神奈川県警に逮捕。細川慎一は葉山町議に初出馬しトップ当選したほ

か、国会議員である江田憲司の公設秘書を務めていた）

最近では元俳優で、女優高島礼子の元夫、高知東生《たかちのぼる》の事件がある。彼は元レースクイーンの女性と一緒に横浜市南区のラブホテルで覚醒剤取締法と大麻取締法違反の容疑で逮捕された。東京地裁は二〇一六年九月、高知に懲役二年、執行猶予四年の判決を言い渡した。

また、一六年一一月、執行猶予中のＡＳＫＡは、「盗聴、盗撮されている」などと、自ら一一〇番に都内の自宅から通報した。だが、意味不明な言動をしていたため、警察は、任意の尿検査を行った。ＡＳＫＡは薬物使用を否定していたが、覚醒剤の陽性反応が出たため、覚醒剤取締法違反（使用）容疑で、再び逮捕された。

驚くべき数の著名人が覚醒剤など薬物の使用で逮捕されている。捜査側は一罰百戒を狙って、著名人などの所持、使用にことさら目をつけ、厳しいのだろうか。

摘発の裏側

この辺りのことを厚労省麻薬取締部の関係者（以下、Ｐ氏と記す）に質《ただ》してみると、必ずしも有名人の狙いうちはないようだ。

Ｐ氏は次のように答えた。

［質問］　ＡＳＫＡや小向美奈子、押尾学、槇原敬之など、多くの芸能人、有名人が覚醒剤で摘発されています。芸能界、スポーツ界には覚醒剤に近づく何か特殊な要因があるとお考えですか。

［答え］　彼ら有名人は浮き沈みの激しい非常に狭隘《きょうあい》な世界に生きています。また彼らに忍び寄る連中も多いと思います。暴力団周辺者とか、街の遊び人とか。有名人に関しては情報が漏れにくい点もあります。

その上で私たちが取締りの現場で感じていることは、彼らの中には、彼らの年齢とか職業に相応する社会性を有してない者が多いんじゃないか。いわゆる人間教育がなされてないということです。例えば幼少期からの英才教育などで音楽やスポーツ、その他の分野で特異的な能力を発揮してると思うんですけど、一般的な人間としての教育が不十分なような気がします。

収入にしても、一般人が一生をかけて稼ぐような額を一年で稼ぐ者もいます。金銭感覚も変わってきます。そういったところにも問題がある。特に著名なスポーツ選手にはある種の公の意識が必要だと思います。社会や子供たちに対して夢を与え、希望を与えなければならないのに、その点も職業倫理が欠如している。大人として未熟である。それが彼らの脇の甘さにつながるんではないか。のちのちリスクがあることも理解していない。公務員や会社員だったら逮捕で懲戒免職です。全てを失う。芸能人は何かといいながら一線に戻ってくるんですが、厳しいところがありますね。

こないだバドミントンのオリンピック選手が賭博で逮捕されましたが、おそらくギャンブル依存でしょう。まさに薬物と同じなんですけど、社会的な制裁を受けるというリスクが分かっていない。その辺が未熟なんですね。突出した能力を有しているのに大変もったいない。

捜査現場が逮捕した被疑者に、こういう説教じみたことはなかなか伝えられないのですが、われわれの経験の中では特に世間知らずで挫折経験のない著名人とか、裕福な家庭で育った子供たちとかは人として未熟な者が多い。学生時代に一過性で仲間内で大麻を吸ったとか、ちょっと薬物をやったとかでも、社会に出た後、立ち直り活躍している子はかなりいるんですが、彼らのように社会的地位があって、収入があっても脇が甘いと、薬物に嵌《は》まってしまう可能性が高い。

考え方によっては彼らは、氷山の一角ではないか。多くの情報が我々のところにも寄せられます。そうした情報は具体的に犯罪事実を構成できるようなものは少ないし、他に多くの事件を抱えていますから、基本、我々が手掛けるケースはかなり少ない。薬物犯罪に軽重をつけることはできないが、より社会的にダメージが大きい大型の組織犯罪には重点を置かなければいけない。

二〇一四年には危険ドラッグの乱用で多くの死傷者が出て未曾有の事態となった。このような社会問題には最優先で対応しなければならない。

有名人の事件そのものを見ると、殆どが単純所持、使用事犯です。掘り下げれば一定の使用者に到達することは間違いないが、正直手が足りない。

事件の優先順位を考えると、限られた人員で対応していくためには、どうしてもより大型で緊急な案件をこなしていかなければならない。それが現実ですね。

有名人の薬物犯罪は、むしろ氷山の一角、実数はもっと多いだろうという専門家の指摘である。

第二章　覚醒剤とセックスの関係は？

生々しい証言

赤城高原ホスピタルは群馬県渋川市にあり、アルコール依存症や薬物乱用の治療、リハビリで定評のある開放型専門病院だ。同所のホームページには「薬物乱用、依存症、200人の証言」があり、三部構成で掲示している。おそらく治療や入院で相談に来た人たち、医師の問診に答えた被治療者などの「証言」だろうが、そこに二〇〇〇年時に、二五歳だった女性が次の覚醒剤観を寄せている。

〈[**シャブとセックス**]　警察は、性感が良くなるということは、否定していますし、マスコミも興味をあおるからということであまり触れたがりませんけど、私の知っている限りではこれは本当。私にとって、シャブとセックスはワンセットでした。ほとんどスポーツ感覚でした。膣に入れたり、ペニスにふりかけたりします。確かに、気持ちが良いですよ。このためにシャブがやめられなくなるという人もいますね。でも、試してみる前に、命と引き換えのセックスでもトライするかどうか考えてみた方がいいですよ〉

また〇三年時に二五歳だった女性はこう語っている。

〈［**体全体がひとつの性器**］　ポンプ（覚醒剤の静脈注射）をやると、体中が性感帯になった気がしました。髪にそっと触れられただけで鳥肌が立ちました。全身がひとつの大きな性器になったんだと思いました。自分はもう人間じゃない、と思いました。そして今度はその自分の考えにぞっとしました。自分は化け物になった。これはだめだ。それが治療につながるきっかけになりました〉

現在、覚醒剤を使用している者の多くは覚醒剤とセックスをワンセットと考え、そのように行動していると推測できる。このことは男女を問わない。

たとえば新宿・歌舞伎町のあるキャバクラ店長は、店に来る客と、店で働く女性たちの行動を見聞きするにつけ、次のような感想を持った。

「キャバ嬢はたいてい自分と同年配の若い男をカレにしている。男はホストだったり、ミュージシャンだったり、闇カジノのディーラーだったりだけど、稼ぎは女の方が多い。要するに男はヒモで、ほとんどシャブをやっている。覚醒剤を買うカネは女が出したり、男が出したり、その時々だろうけど、二人は覚醒剤をキメてセックスする。

たまたまそのときカレなしのキャバ嬢は店の客がくれるこづかいだけではなく、客が持つシャブに惹《ひ》かれてアフターにつき合ったりする。男と女がいて、やることといえばセックスに決まってます。彼女たちの場合はそれがキメセクになる。これは常識です」

しかし、覚醒剤の作用としてふつう指摘されているのは興奮性であり、催淫性ではない。使ったからといって、別にえらく妖しい気持ちになるわけではないだろう。

厚労省麻取関係者のP氏に確かめてみた。

〈キメセクという言葉は聞いたことがある。薬物を摂取して性行為に及ぶことだと理解している。しかし我々取締りの側には、セックスとの関係は情報として入ってきません。

男女とも被疑者はその辺りのことを言いたがらない。特に女性被疑者の場合は、動機としてそういうものがあったとしても語りたがらないから実態はよく分からない。

覚醒剤には強い精神興奮作用があり、集中力を高め、眠気や疲労感を除去するなどの効果の他、性的快感を増強する作用があると言われている（しかし性欲を亢進させる、いわゆる催淫剤でない）。問題は覚醒剤を使う目的をどこに向けるかです。ドライバーなら運転への集中力、持続力に期待して使うだろうし、享楽を目的とする者なら、快楽の長続きと、それへの熱中を増すために使うかもしれない〉

身体にどう作用するのか

覚醒剤はセックス面だけではなく、人の身体にどう作用するのか。使用体験がある者の話だけでは見方が片寄る。ここで公式の化学的見解も踏まえておこう。

少し長くなるが、井上堯子『乱用薬物の化学』から要所を引いてみる。著者は、科学警察研究所化学第一研究室長を経て同研究所法科学第三部長をつとめた化学者である。

〈覚醒剤を摂取すると、その中枢神経興奮作用によって、眠気や疲労感が除去されて、爽快な気分となり、思考力、判断力の増進や多弁の傾向がみられます。覚醒剤は、脳内の神経終末において神経伝達物質のドーパミンなどの放出を促進するだけでなく、再取込を抑制します。その結果、神経と神経の接合部位であるシナプス間隙のドーパミン濃度が高まって作用が現れると考えられています。

覚醒剤は覚醒作用以外に食欲を減退させる作用を示します。このため、肥満の人が多い欧米では、長い間、覚醒剤アンフェタミンが肥満の治療薬として処方されていました。このことを強調して、日本では「これはやせ薬だよ」「ダイエットにいいよ」と言葉巧みに覚醒剤へと誘う魔の手となっているのです〉

九〇年代後半、首都圏では女子高校生の間で覚醒剤が流行した。痩せたいという彼女たちの願望はイラン人を主としたバイ人（プッシャー）や、ポケベル、ＰＨＳ、携帯電話の普及などが後押しする形で若年層への蔓延を引き起こした。

痩身や小顔を美とする感覚は今なお生き続けている。「痩せに効果がある」というセールストークは現在でも特に女性に対して有効だろう。

引用を続ける。

〈覚醒剤は単純作業の能率や瞬発力を要する運動能力を高めるものの、集中力を必要とする仕事の能率や耐久力を要する運動能力を低下させるといわれています。この運動能力に対する作用から、覚醒剤はドーピング禁止薬物にリストアップされています。このような中枢神経に対する作用のほか、末梢系に対する作用としては、血管を収縮させて血圧を上昇させる作用のほか、散瞳作用（瞳孔を拡大する）や気管支拡張作用を持つことが知られています〉

引用した箇所にはセックスに関連した薬効や作用機序についての言及はない。もともと覚醒剤は第二次世界大戦中、将兵の士気昂揚や軍需工場での生産性向上のために使われたぐらいである。当時の代表銘柄であるヒロポンは「仕事好き」を意味するギリシャ語に由来するほどだ。本来セックスとは縁がない薬物だった。

それがなぜ今セックスと結びつけて使用されているのか。考えれば不思議な話である。

前出の著者はこう続ける。

〈覚醒剤乱用者は、使用直後に強烈な快感、陶酔感が得られるという理由で、ほとんどが静脈に注射して使用しています。一回の使用量は通常三〇～五〇ミリグラム程度です。最近は、経口的に摂取する方法や、特殊なパイプやアルミホイル上で加熱・気化させて吸入する方法が、特に若者の間で流行しています。これらの方法は、自分で注射しなければならないという一種の抵抗感もなく、注射跡も残らないことから、覚醒剤使用のバリアーを低くしていると考えられます〉

要するに覚醒剤の乱用者たちは、使用直後に強烈な快感、陶酔感があるとして、そこにセックスの快感を足し算し、その快感を倍増して味わおうと計算しているのかもしれない。

こう考えるなら、キメセクは足し算であって、掛け算ではない。いわれるほど目くるめく境地ではなさそうで、さほど魅力的にも思えなくなる。

清原はどう使ったのか

プロ野球選手、清原和博はどう覚醒剤を使ってきたのか。彼の覚醒剤の使用については、すでにいくつかの貴重な証言が公表されている。

今回の逮捕後、実名を出してメディアの取材に答えた元巨人軍投手、野村貴仁は、次のように語って、清原は巨人軍入団前後から薬物を使用していたと明言している。野村自身の証言について信憑性を考慮しなくてはならないが、ある種の生々しさと細部がある点は否めない。

〈清原にグリーニーを渡すようになったのは、ワシが巨人にトレードで移籍した九八年から。あいつは西武から巨人に移籍して二年目か。その頃、清原は「腰に痛みがある」と言っていて、その緩和のために渡した。

グリーニーを渡すようになると、清原はすぐに別のクスリも欲しがるようになりました。ワシと知り合う前からすでに、清原は大麻やコカインを知っているようでしたね。「タレントMの旦那がエージェント業をしていて、その男がメキシコから調達してくれた」と言ってましたわ。

あいつは、怪我の痛みを和らげたり、リラックスするためでなく、遊ぶためにクスリを欲しがった。はっきり言えば、女とヤるためです。だからワシは『エクスタシー』

〈MDMAのこと〉一〇〇錠を調達してやった〉（「週刊現代」二〇一六年二月二七日号）

グリーニーとは覚醒剤によく似た作用を持つクロベンゾレックスを含有するカプセル入りの錠剤で、一時米プロ野球界で乱用された。現在はアメリカでも販売停止の薬剤である。

清原が巨人軍に入団したのは九七年。「ワシと知り合う前から」といえば、巨人軍以前の西武時代も含まれよう。

事実、九六年、西武はマウイ島で一次キャンプを張り、清原も参加した（清原の西武入団は八六年）。キャンプ最終日、マウイプリンスホテルでの打ち上げパーティーで清原は異様に高揚し、部屋をメチャクチャに壊したり、ホテル敷地内の池に飛び込んだりした。清原による乱暴狼藉は収拾がつかず、最後は警察を呼んだが、このとき疑われたのはパーティーでのマリファナ使用だった。

証言者は野村貴仁元投手以外にもいる。

競馬レースの予想やパチンコ必勝法の会社を都内で営んでいた実業家W・Dは清原の薬物仲間で、清原薬物事件の密売人、群馬県みどり市の無職・小林和之（事件当時四四歳）を清原に紹介したのも彼である。W・Dは二〇〇一年にコカイン所持、〇三年に法人税法違反（脱税）で逮捕され、いずれも有罪判決を受けた。一五年二月にも覚醒剤の使用で逮捕されている。

このW・Dが「田辺」という仮名で、清原の薬物乱用について次のように語っている。

〈「（清原と）接点を持つようになったのは一九九七年。キヨが巨人に入団した年の宮崎キャンプです。知り合いの会社社長に誘われ、ゴルフをしたのが始まりでした」

田辺氏によれば、清原はその時点で既に覚醒剤の使用経験があった。そして二人は、クスリの世界にどっぷりと浸かっていく。

「この頃のキヨはセックスのためにクスリを吸っていた。よくホテルの部屋を借りて一緒にキメていました」〉（「週刊新潮」二〇一六年二月一八日号）

このW・Dは次に「山田大輔」という仮名でこうも証言している。

〈キヨはシャブセックスをするとき、毎回ローションとピンクローターを買ってきます。

（ホテルで）彼の部屋の片づけは私がやっていたのですが、部屋に残されたローションの中身はいつもほとんど減っていなかったんです。あるとき、キヨに「何に使っているの？」と聞くと、キヨは使い方を説明してきました。まずクレジットカードなどプラスチックのカードの角で覚醒剤を粉々に砕き、指にローションを塗りつける。そしてローションでお尻を湿らせた後、粉末状の覚醒剤をすくい取り、自分の尻の穴にねじ込むんだ。「こうすると下に直接効くんだ。非常によく効く」と話していました。彼は私が知っていると思っていたのか、「ケツ入れしてへんの？」とびっくりされました。彼が巨人を退団した年（〇五年）のことです〉（「ＦＬＡＳＨ」一六年三月二九日・四月五日号）

どのように摂取するのか

覚醒剤の摂取方法としては前記の通り静脈注射、あぶり（アルミホイル上での加熱、気化）、スニッフ（覚醒剤を砕いて粉末にし、鼻孔に吸い込む）、水溶液にして飲む、そして粘膜にすり込むなどの方法がある。粘膜としては一番薬効が吸収され易い部位として肛門があり、次いで膣、亀頭、歯茎などが挙げられる。

この「ケツ入れ」は珍しい方法ではない。が、そういう清原も今回の逮捕時には自宅で注射器が発見、押収されたことで明らかなように静脈注射に進んでいた。覚醒剤の効き目を素早く、一〇〇%余すところなく摂取できるのが静脈注射法であり、清原もこの方法に進んでいたことが窺われる。

前出の野村貴仁は、清原の覚醒剤について次のエピソードも紹介している。当時、覚醒剤の提供者としても報じられた。

〈あれは九八年、六月か七月頃だったと記憶していますが、清原さんからこんなことをいわれました。

「アレ（覚醒剤）を使ってセンズリしたら、止まらんようになってしもたぞ」

見ると右の腕がパンパンに腫れていた。それでバットが振れないといって、本当に試合を欠場してしまったんです。こんなことで欠場するのは前代未聞だったと思いますよ。覚醒剤を使うとなかなかイカないし、時間の感覚もなくなる。朝方までやっていたそうです。この時は勃起薬も使っていたというから、余計にこうなったんだと思います。

その後は球場の風呂場で仁王立ちしながら、

「見てみ、皮がこんなに伸びてしもたやんけ」と伸びた局部の皮を引っ張りながら本気で怒っていた。何を思ったかその後、清原さんは局部をアイシングしていました〉（「週刊ポスト」二〇一六年三月四日号）

男が覚醒剤を使うと射精が伸びる、困難になるのは本当らしい。

このことは反面、快感がなかなか頂点に達しない、つまり中折れする危険もあることを意味する。そのためやり慣れた者は覚醒剤と一緒に、勃起を促すためにバイアグラなどを服用するという。

男の場合に限るが、案外索然とする部分がある。一度、タクシーの運転手から「わしも若いころ覚醒剤を使ってセックスしたことがあるけど、いいことなんか何もあらへん。やたら時間がかかるだけや」と私自身の耳で聞いたことがある。

早漏の男が性交時間を長引かせるため覚醒剤を使う分には目的を達するだろうが、そうでない人にとっては遅漏の原因になりそうだ。よく覚醒剤を体に取り入れ、何時間もぶっ続けでセックスしたという話を耳にするが、これはおそらく何回も射精したという意味ではなく、勃起状態を継続したまま何時間も挿入を繰り返した。その間、女性は何回も絶頂に達したという意味だろう。

男にはどこが快楽なのか

男にとって、このどこが快楽かという話になる。

対して女性の覚醒剤体験は男性とは別物らしい。一説に女はふだんの三〇倍よく、男は七倍いいという説がある。快感の度合いを数字で表せるはずもないが、女性が覚醒剤の効果を強く実感できそうなことはほぼ間違いなさそうだ。

しかし覚醒剤体験を率直に語れる女性はごく限られている。筆者の知り合いにも若いころ覚醒剤にはまり、今は完全に断ち切れたようだが、時にまだらボケ症状を示す三〇代の女性がいる。午前二時ごろ「ヤクザが家の中に忍び込んでるようなの。こっちを窺ってる」と、事実なら、重大すぎる電話を寄越しながら、翌日になると、「えっ、そんな電話したっけ。全然覚えてない」と言うのだ。彼女は覚醒剤にはまっていたころの話を特に嫌がり、話そうとはしない。

「一八歳の夜はSに溺れて」というジャンキー女性のインタビューがある（藤井良樹、『別冊宝島』173号「気持ちいいクスリ」所収）。

Sはスピードの略で覚醒剤を意味する。彼女はインタビュー時一八歳、高校中退のフリーターで、両親とも教師をしているという。最初に経験した薬物は一三か一四歳のときのハッパ（マリファナ、大麻）という。一六から一七のころに覚醒剤にはまり、乱用で体重が二九キロに落ち、入院していたこともあるらしい。

彼女は非常に率直に、というか、むしろあけすけに薬物体験を語り、かつ表現力豊かに分かりやすく話しているため、同インタビューの要所を引用、抜き書きさせていただく。

〈あと、男のコと二人っきりのときに、「やろう」って誘ってくることもあったよね。「ハッパやろうよ」というのは、「エッチも」ってことだから、もちろんSEX込み。もう、お約束（笑）。SEXなしってのは、な〜い。絶対にない。私もSEX込みの方がいい（笑）。男のコがカラダ目当てなのは、わかってたしねー。別にいいじゃん、何が悪いのって感じ。

S（覚醒剤）を初めてやったのは高校に入ってすぐのとき。ディスコに狂いだした頃で、やっぱ黒服関係からだよね。ディスコに行ったら、黒服のコに「マンションに来ない？」って誘われて、そこで、「コレやると、すっごく気持ちよくなるから」って出されたのが、S。別にヤバイとか思わなかったなあ。オールナイトで遊んだあとだったから、疲れちゃってて、何も考えてなかった。

でも、Sやったら、いきなり「死にそうー！」。一瞬で心臓がドキドキドキドキ、動悸がすごい速くなるのぉ。もう、急に元気になっちゃって。寝てないしカラダ疲れてるのに、どうして？って感じ。それで、なんとなく「エッチやりた～い」って気持ちになっちゃった（笑）。Sそのものもよかったし、そのあとのエッチも、やっぱ気持ちよかった〉

〈タダでSを回してくれるっていうのは、やっぱりSEX込みだから。ただ、Sやったときの SEXはぜんぜんノリがちがうから、いつもより激しいことができちゃう。SMプレイみたいなのもやるし、いろいろやるよぉ。アソコにモノを入れたり、ニンジンとか電球とか。初めから用意してるわけじゃないよ。普段だったらぜったいそういうことを許さないと思うし。でも、もう男のほうがキレちゃってるから、こっちも怖いって感覚がなくなっちゃってるから、なんでもアリになっちゃう。

あと、Sを粉にして直接アソコにつけて、SEXしたこともありましたねぇ。そうすると、いつもより感じやすくて敏感になる。ちょっと触られただけでも、ビクッてしちゃうのよぉ。

Sやりながら、最高で八発SEXやったかな。それも、八発とも全部イクんだよ。時間はわかんない。もう時間なんて頭の中にないもん、頭バカになってるから〉

覚醒剤に合う人、合わない人

覚醒剤摂取の感受性には個人差があるという。合う人には合うし、合わない人はいくらやっても心身が変化しない。その上に男女差がある。女性の全部が全部、覚醒剤を使うと、鋭敏、淫乱にはならないのだろうが、少なくとも彼女の場合、ハメが外れた快感になることはお分かりいただけよう。彼女に比べれば、男の快感の、なんと貧しいことよ、という気もする。にもかかわらず、覚醒剤など薬物の男性乱用者はなぜ性行為に使いたがるのか。

ひとつにふだん自分の言動を縛っているタガを外したい。薬物を使って一つタガが外れたが、その上でもう一つタガを外したセックスをしたい、ということなのか。原始の本能に帰り、快楽を貪《むさぼ》り尽くしたいという欲求が潜んでいるような気がする。

もう一つ薬物乱用の男側の理由として、次の事情が考えられるかもしれない。つまり男女のセックスには、女が示す強い快感の徴が男の成功、つまり男への報酬になる面がある。女の反応により男は強いオスとしての能力を自己確認できる。女に対する征服欲を満たされ、まったき自己肯定を味得できる。男のセックスは女への奉仕といったら、言い過ぎだろうが、かといって奉仕的な面がないわけではない。

乱用の男がキメセクをやりたがる理由としては、射精には至らずとも勃起を維持した状態で加えられ続ける刺激が快いという情況が考えられよう。射精は最後だけでよく、それまでの勃起と抽送はそれに至る快い過程と考える。

先に引いた赤城高原ホスピタル「200人の証言―第二部」の中に、二〇〇二年時に二二歳だった男性が次の証言を寄せている。

〈**［覚醒剤とオナニー］**　覚醒剤が入ると性欲が高まり、マスターベイションが止まらなくなります。徹夜してやり続けて、最後には尿道から出血したり、包皮が赤く腫れあが

ったりするまでやめられません。たいていはその後に膀胱炎になります〉
この男性が何度も射精するのか、それとも清原のように絶頂感に至らないまま、何時間も続けるのか不明だが、膀胱炎になるまで摩擦を続けることは、失礼ながら、猿に教えると……、という与太話を思い出させる。
前記したように覚醒剤を使うと、射精までに時間がかかる。あるいは覚醒剤に心身を溺れさせるわけにいかないという男の場合、セックスの際、コンドームをかぶせ、コンドームの表皮に覚醒剤をなぶりつける。それを女性の膣に挿入すると、膣は肛門ほどではないが、覚醒剤成分を吸収する。男は覚醒剤の効果から免れるが、女性は影響をモロに受け、半狂乱になるまでに快楽を味わう。これにより男は女にとって離れがたい男になる。
ヒモとして女性に寄生したい男、女性をシャブ狂いにし、シャブ代ほしさに売春に踏み切らせたい男、女性を地方のソープランドなどに売り、彼女の名で借金を背負わせたい男などはこうした方法を使い、女性を重度の覚醒剤依存症に仕立て上げるという。女衒や風俗ヤクザの世界である。

こういう話からも覚醒剤に対する感受性や受容の仕方が男女では違うことが了解されよう。

男女への薬理作用

ネットに「激裏情報」というサイトがある。

その前説には、

〈あなたの知的好奇心を満たしましょう。「知りたい」この飽くなき欲求を満たさんがために激裏情報は存在します。（略）情報も同じく、まず持っていること、知っていることに意味があるのです。それを利用するかしないかは、あなた次第で、その選択権を持つことこそが重要なのです。「情報」とは、すなわち「未来への選択肢」なのです〉

とある。

このサイトだが、実は、「激裏情報」を主宰する本堂マサヤは筆者の友人である。同情報のアーカイブには覚醒剤に関する情報も厖大《ぼうだい》に蓄積されている。彼に頼み、ここ二〜三年の覚醒剤関連情報を取り出してもらったが、中に「激裏クリニック　無料の『お困りごと』相談コーナー」があり、次のような質疑応答が掲載されていた。

〈相談タイトル　彼女に気づかれることなくキメセクに持ち込みたい

患者名　匿名希望

担当医　匿名先生

［現在の具体的な状況］

彼女とのセックスにおいて、より高い刺激と快感を求めています。

［抱えている問題／困っている事］

覚醒剤を念頭に置いていますが、何らかのモノを使用することが彼女にバレると、さすがに抵抗されるかと思います。

［何を聞きたいのか］

彼女に気付かれることなくキメセクに持ち込む方法をご教授ください。

・担当医所見・匿名先生

覚醒剤を性行為に使用していた方に次のような話を聞いたことがあります。

粉末にした覚醒剤をオロナインのような軟膏に良く混ぜ、皮膚科でもらえるような小さな容器に入れて携帯。

そして行為中に女性を四つん這いの体勢にして、覚醒剤軟膏を指一～二本に付け、身体を触りながらその指を肛門に軽く入れるとのこと。

一回に使用する軟膏の量はなるべく少ない方が良く、かつ容器をズボンのポケットなどで携帯しておくことで体温程度に保ち、異物を塗り込まれたと勘づかれないようにするそうです。

携帯するのは二回分程度。一回は粉末にした覚醒剤を二〇ミリグラム程度混合するのが適量だといっていました〉

ここでは覚醒剤使用の違法性など最初から論議していない。質問があった以上、きちんと答えるという態度に終始しており、読み物として無責任だが、これはこれで面白い。しかし質問した者が回答通り「彼女」に実行したなら、彼女は迷惑どころではないと思う。また質問の出し方からいって、質問者は覚醒剤を簡単に入手できるのか、常用者ではないようだし、と余計な方向に頭が回る。

が、いずれにしろ一般的な男性でも、多少キメセクに関心や興味を持っていることはこの質疑で自明だろう。

例により、厚労省麻取関係者のP氏に周辺情報を確かめてみよう。

［問い］　報道を見ていると、清原は、セックスに用いたのではないかと思うが、それで深みにハマったのではないか。

〈清原のことは情報がないので、コメントできないが、お話ししたとおり覚醒剤は強い興奮作用を有し性的快感を高める効果がある。セックスとセットになっているという見方もできます〉

［問い］　覚醒剤使用の目的を何に置くかということで変わってくるわけですね。

〈博打で昔は集中力を高めるため（盆ござを前にして）平然とヒロポンをやっていたと聞いたことがありますし、パチンコなんかでも、集中するために覚醒剤を使う人がいる。今、使用目的は多様化しているかもしれません。しかし、いずれにせよ、使用を継続すると依存に陥る。そうすると薬物渇望に駆り立てられて、ひたすら覚醒剤を追い求める人生が始まる〉

覚醒剤の薬理作用には男女の違いがある。効果は女性の方により強く、具体的な形で現れる。その差を自分の利益に結びつけようとする男がいる。覚醒剤を享楽目的で使うケースが増えてきた。

本章はこのようにまとめられよう。

第三章　薬物の闇ビジネスはどうなっているか？

コカインとヘロイン

前述した通り、清原和博は覚醒剤の他にグリーニー(クロベンゾレックス、覚醒剤によく似た作用を持つ)、マリファナ(大麻)、コカイン、MDMA(エクスタシー)などを体験しているようだと、かつての彼のシャブ友だちは話している。

こうした使用薬物の移りゆき、あるいは時々のつまみ食いは乱用者の間ではよくあると言われる現象だが、これは単なる気まぐれの結果なのか、それとも食べ合わせのようなものなのか。たとえば柿のタネとピーナッツを同時に食べると、単品で食べたより旨く感じると言う人は多い。薬物でも同様で、覚醒剤と何かを取り合わせて摂取した方が余計薬効が期待できる、または違った薬効が出る、といったことがあるのだろうか。

コカインとヘロインを混合して一緒に注射する「スピードボーリング」と呼ぶ利用法がある。コカインはアッパー系(興奮系)、ヘロインはダウナー系(抑制系)だから、まるで逆の作用を持つ薬物を同時に使う。なぜ二つの薬物を一緒に混ぜて使うのか。

一つには両剤の作用を中和しようとする目論見がある。コカインの刺激をヘロインの鎮静的な作用で和らげる。あるいはコカイン使用後に起きる抑鬱状態を、作用時間の長いヘロインで緩和する。両剤を単独、かつストレートで使うより混合の方が安全だと信じている乱用者もかなりいるらしい。

実際には両剤の併用は、ヘロインによる呼吸抑制がコカインによっていっそう強化される可能性があり、単独で使用するより、より危険性を高くするという。

覚醒剤と大麻の併用もかなり行われている。覚醒剤を摂取すると、いっときの高揚感が消えた後も神経が高ぶり、眠れなくなる。そういうとき興奮した中枢神経を、大麻を使ってクールダウンさせるといった目的を持つようだ。同時使用で快感を倍増するといった目的ではない。

乱用者が複数の薬物を使うのは特殊な生理的な作用を求めてというより、むしろ薬物慣れして、使い慣れていない他の薬物に対しても、大胆、貪欲に向き合えることが大きい。なんでも食い散らかすジャンキーとでもいうか。好奇心もあるだろうし、種々の薬物を体験したことがあるというある種の「功名心」もあるだろう。

薬物の種類と作用とは

現在、日本で使われている薬物は限られているはずだが、ここで薬物全体を見取り図的に整理しておこう。どのような種類があり、作用はどうなのか。

麻取関係者のＰ氏に聞いてみた。

〈法で規制されている薬物を大別すると、こうなります（次頁の図1を参照）。まず興奮作用を有するもの。次いで幻覚作用を持つもの。三番目に抑制作用を有するもの。だいたい脳に働くものはこの三つの機能を持っています。

興奮作用の薬物としては覚醒剤、コカイン、ＭＤＭＡ、向精神薬のリタリンなど。押尾学が保護責任者遺棄致死罪で逮捕されたとき使っていたのがＭＤＭＡです。リタリンも一時期流行しました。使用者はリタラーと呼ばれていました。

幻覚作用を持つものはＬＳＤ、マジックマッシュルーム（幻覚きのこ）、大麻、ＭＤＭＡなど。ＭＤＭＡは興奮作用と幻覚作用、両方を有しています。踊る方のクラブなどで乱用され、ＭＤＭＡを摂取して踊る。だから台湾などの薬物乱用者はこの手のクラブ

図１　乱用薬物の種類・作用

厚生労働省「薬物乱用の現状と対策」をもとに作成

のことを「揺頭パブ」などといいます。

麻薬の王と言われるヘロイン、あへん、向精神薬の睡眠薬などは抑制作用を有しています。危険ドラッグは指定薬物として法令で指定しているものだけでも二〇〇〇種類以上あります。興奮・抑制・幻覚作用を全て網羅しています。危険ドラッグには麻薬や覚醒剤以上に危険なものもあり、ドラッグというより正体不明の猛毒と言った方が正解です〉

依存性薬物の分類として次の八類型に分けることも行われている（井上堯子『乱用薬物の化学』）。
①モルヒネ型（抑制作用、アヘン、モルヒネ、ヘロイン、コデイン）
②バルビツール酸系催眠剤およびアルコール型（抑制作用、バルビタール、フェノバルビタール、フルニトラゼパム、トリアゾラム、アルコール）
③コカイン型（興奮作用、コカイン）
④大麻型（抑制作用、マリファナ、大麻樹脂、ハシッシュオイル）
⑤覚醒剤型（興奮型、アンフェタミン、メタンフェタミン）

⑥カート型（興奮作用、カート、カチノン、カチン）
⑦幻覚剤型（興奮作用、ＬＳＤ、ＰＣＰ、メスカリン、ＭＤＭＡ）
⑧有機溶剤型（抑制作用、シンナー、トルエン、酢酸エチル）

話のついでで、「危険ドラッグ」にも言及しておこう（溝口『危険ドラッグ――半グレの闇稼業』角川新書）。危険ドラッグの形としては、乾燥した植物片に薬剤をまぶしてあるもの（ハーブと称する）、薬剤そのものである粉末状、薬剤を溶かした液状、固体状（錠剤）など各種の形がある。「ハーブ」「アロマ」「リキッド」「お香」「入浴剤」「ＣＤクリーナー」など、さまざまな形態と名目を装って一時期は盛んに販売されていた。

危険ドラッグは過去「合法ドラッグ」「脱法ドラッグ」「脱法ハーブ」「違法ドラッグ」「違法薬物」など、呼び名の変遷があるが、二〇一四年以降はすべて「危険ドラッグ」の名で呼ばれる。

危険ドラッグには大きく分けて三つの系統がある。合成カンナビノイド系、合成カチノン系、幻覚系の三つである。

大麻草にはテトラヒドロカンナビノール（ＴＨＣ）をはじめ、六〇種類を超える成分が含まれている。これらは時間や空間の変調をもたらし、多幸感、鎮痛、幻覚等の精神神経反応を引き起こすとされる。

化学的に合成された合成カンナビノイドは無数にあるが、中でも特に有名なのが「ＪＷＨ－０１８」である。これは米クレムゾン大学ジョン・ウィリアム・ホフマン博士によって発見され、危険ドラッグ「スパイス」に使われた。

日本の厚労省は二〇一三年以来、これら合成カンナビノイド系を手はじめに指定薬物として包括指定し、現在、その数は二〇〇〇種以上を数えるに至った。

カンナビノイド系が本来、植物の大麻からスタートしているように、カチノン系も北東アフリカとアラビア半島で嗜好品として愛用されているカート（チャットなどともいう）からスタートしている。カートはアンフェタミンに似た覚醒作用をもたらすアルカロイドの一種カチノンを含み、カートの葉や枝の先端部分を嚙むことで睡眠を抑制し、脳と筋肉の活発化を促すとされる。

覚醒剤は本来漢方薬で使われる麻黄と、そこから単離されたエフェドリンから化学合成されるが、カートも覚醒剤に似た働きをする。合成カチノン系の危険ドラッグとしてはバスソルト、メフェドロン、メチロン、MDPV、α－PVPなどの形で次々に登場した。カチノン系薬物はカートから抽出するか、α－プロピオフェノンから合成される。

幻覚系ドラッグとしてはLSDやマジックマッシュルームがある。

LSDはライ麦や大麦の麦角菌から作る合成薬物で、幻覚、幻聴、精神異常をきたし、幻覚が完全に消失してもフラッシュバック（再燃現象）が起きることがある。

マジックマッシュルームはサイロシン、サイロシビンなどの麻薬成分を含有し、幻覚性を有するキノコ類である。二〇〇二年「麻薬及び向精神薬取締法」に規定する麻薬原料植物に指定され、栽培、輸入、譲渡、所持、施用などが禁止されている。

どうやって入手するのか

次に薬物犯罪のおおよその傾向だが、前出のP氏は次のように話す。

〈大麻を栽培して摂取や密売することが依然として横行してます。危険ドラッグは減少し、大麻事犯が増えています。インターネットを利用した密売事犯は拡大、本来は処方薬である向精神薬の睡眠薬などの乱用が依然として拡大しています。あくまでもこれは

パケに入った結晶状の覚醒剤
（内閣府・「薬物乱用対策」より作成）

現場の実感といいますか、それから分析した犯罪の傾向なんですが。

覚醒剤についてお話をしますと、これが覚醒剤ですね〉

と、麻取関係者はポリ製小袋のパケ（上の写真参照）を示した。

〈これはインターネットでのバイ人の掲示板です。掲示板サイトに「安心、安全な氷屋」と書いてあります。「氷屋」は覚醒剤密売の隠語です。「宅配専門店」と。一グラム三万円でポンプ、つまりサービスで注射器がついている。こうやって掲示板に出ているわけです。詐欺紛いのものや誇大広告も沢山あります。

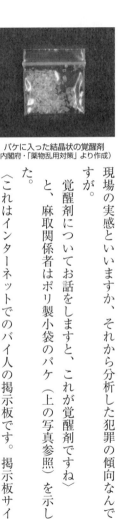

最近ではもっと進化して、SNSのツイッターとかが使われてますが、まだ変わらずこういった掲示板利用のものもあるわけです。「都内、首都圏近郊」とか。「品が良いのは当たり前」とか売り文句を並べています。

乱用者はだいたい先輩、友人、女性の場合は彼氏などから教えられて使用が始まります。それから暴力団及びその周辺。外国人犯罪組織などから。一時期はイラン人組織が都心部の路上で無差別密売をやっていました。最近の六本木などでは外国人、特にナイジェリア組織から買うケースも見られる。それからインターネットです。

インターネットが拡大することによって画然と入手法が変わりました。誰でも容易に薬物が手に入るような時代がやってきた。身近に薬物をやっている人がいなくても、誰でも買おうと思えば買える。また、道具屋と呼ばれる連中。覚醒剤密売組織（シャブ屋）に対して注射器を販売し膨大な利益を上げています。

メキシコ、アメリカ、ヨーロッパ、西アフリカ、中国、東南アジアなど、あらゆる国・地域で覚醒剤が密造され日本に流入しています。日本の覚醒剤価格は世界で最も高価です。そのため世界の薬物犯罪組織から狙われています。今、我々は、国内外の関係機関と密接に連携して取締りに当たっています。最早一国では対応できない時代です〉

日本で乱用される覚醒剤は一般名がメタンフェタミン（フェニルメチルアミノプロパン）である。覚醒剤取締法ではメタンフェタミンの他、アンフェタミン（フェニルアミノプロパン）も規制しているが、どちらも同じような化学構造と薬理作用を持つ。薬効についてはどちらが強いかだが、総じてメタンフェタミンの方が強力とされている。

また従来、欧米ではアンフェタミン、日本ではメタンフェタミンの乱用が多いとされてきたが、最近ではアメリカでもテレビドラマ『ブレイキング・バッド』に見る通り、メタンフェタミンがアイスと呼ばれて、その乱用がアメリカを蝕《むしば》んでいる。

メタンフェタミンの歴史を見ると、もともと日本と縁が深いことが分かる。

風邪薬や咳止め薬に含まれるエフェドリンは漢方薬の生薬である麻黄から発見、単離された。麻黄はユーラシア大陸や北アフリカ、南北アメリカ大陸の、いずれも乾燥地に生える常緑低木で、その地上茎から喘息に有効な成分が得られる。

ベルリン大学で化学・薬学を学び、博士号を得て帰国した長井長義博士は一八八五(明治一八)年、麻黄からエフェドリンを発見し、一八九三年、エフェドリンからメタンフェタミンを取り出した。他方アンフェタミンはルーマニアの化学者ラザル・エデルアーヌが一八八七年に合成した。

エフェドリンは当初麻黄から生産されたが、戦中に麻黄の入手が難しくなった。エフェドリンの生産に当たっていた大日本製薬は戦後、パキスタン産の麻黄が原材料に好適なことを突き止め、輸入していたが、一九五六年酵素法による合成法を発明、原価を大幅に引き下げることに成功した。酵素法ではサトウキビなどの発酵を利用する。

エフェドリンはあまりにも広く覚醒剤の原材料になることが知られているため、日本ではエフェドリンを一〇％以上含む喘息薬や鎮咳薬、風邪薬などは製造が禁止されている。それらを材料に覚醒剤をつくらせないためである。

戦前の日本では合法だった

戦前、日本では民間薬として覚醒剤を製造・販売することは合法だった。一九四〇年代の初め、アンフェタミンはゼドリン（武田薬工）、サンドルマン（同仁製薬）、アゴチン（富山化学）など、メタンフェタミンはヒロポン（大日本製薬）、ホスピタン（参天堂製薬）などの商品名で市販された。

ヒロポンは一錠中に塩酸メタンフェタミン一ミリグラム（〇・〇〇一グラム）を含む錠剤、粉薬の形での散剤、注射液（一アンプル中三ミリグラムと五ミリグラムの二種）という三つの形で発売された（小森榮「覚せい剤問題の歴史3」）。

軍では覚醒剤に玉露の粉末を加えた「突撃錠」を特攻隊員や飛行隊員に配った。軍需工場などの労働者にも「猫目錠」と称して支給した。

これらの錠剤により眠気を覚まし、倦怠感《けんたいかん》を除去、猛然とやる気を出す効果を狙ってのことである。

戦後、軍備蓄のヒロポンが民間に放出された。最初に出回ったのは錠剤タイプで、次に注射用のアンプルも市中に流れた。ヒロポンは荒廃した戦後社会に喜んで迎えられた。

「文士、芸能人、夜間従業者、接客婦などに愛好されるようになったが、当初はまだ内服であった。ところが戦後急速に流行した麻雀クラブやダンスホール、キャバレーなどに出入りする人々や、不良集団のあいだに本剤の使用が流行し、それにつれて注射薬も市販されるようになった。本剤の中毒患者は、わが国では、昭和二一年春頃から散発的にあらわれはじめたが、嗜好者は、その後、急速に増加している」（『昭和三五年版 犯罪白書』）

一九四八年、旧厚生省は薬事法を制定し、販売規制の形でヒロポン問題に対処していく。同年、ヒロポンを劇薬に指定し、翌四九年には覚醒剤を「国民医薬品集」から削除し、需要が大きかった錠剤、散薬の製造・販売を禁止し、注射剤だけ製造を認めた。これが闇市場に流れたわけだが、注射剤だけが出回ったため、今に至るまで「覚醒剤は注射で」という摂取習慣を日本に定着させることになった。

一九五一年覚醒剤取締法が制定された。これにより覚醒剤とその原料の輸入、輸出、所持、製造、譲渡、譲り受け、使用に関して必要な取締りを行い、また刑罰を科すようになった。当初、覚醒剤の乱用に対する罰則は軽かったが、乱用は沈静化せず、一九五五年、七三年の法改正時に罰則が強化された。

現状では、覚醒剤を輸入し、また製造した者は一年以上の有期懲役（営利目的の場合は無期もしくは三年以上の懲役）、使用した者は一〇年以下の懲役――と、それぞれ罰則が引き上げられている。

覚醒剤取締法の制定で、その作り手は大手薬品メーカーからヤミの密造グループへと移行した。

一九五四年五月、当時の田中榮一警視総監は衆議院厚生委員会でヒロポン（覚醒剤）の密造について次のように答弁している。

〈（ヤミで流れているヒロポンは）きわめて簡単な方法によってつくられておるものでございます。つくる方法としましては、ご承知のように白金または銀を触媒としてエフエドリンから製造する製造方法としてはこれが一番簡単でございますので、これによって原末をつくって、蒸留水または水に、一定の割合で混じて、自家製のアンプルに溶閉して、これをレッテルを張らずに流してしまう。……朝鮮人等におきましては、原末を大阪方面から大体一〇〇グラム包み八〇〇〇円程度でひそかに持って参りまして、そして自宅でもって水道の水または蒸留水で割りまして、アンプルに溶閉してこれをひそかに売り出す。これが現在都内にも相当流れておるのじゃないか〉（小森榮「覚せい剤問題の歴史9」）

覚醒剤取締法の制定、施行で違法となった覚醒剤の製造、販売は地下にもぐり、おおよそのころから暴力団が覚醒剤への関与を深めていく。

〈覚醒剤の密造は、当初は国内で行われていましたが、一九五〇年代半ばから警察の取締りが強化され、国内の密造拠点が徹底的に摘発され、一九五五（昭和三〇）年ころから沈静化へ向かいました。その後も散発的に密造事犯の摘発が続きましたが、一九七五（昭和五〇）年ころには、国内での覚醒剤密造は壊滅したといわれます。

しばらくの間、平穏を保っていた覚醒剤の状況に、変化が生じたのは一九七〇（昭和四五）年ころのことで、アジアの近隣国から密輸される覚醒剤によって、再び日本の覚醒剤市場が活況を取り戻し始めました。取締りの強化によって密造が困難になった日本から、暴力団の手で、アジアの近隣国への密造拠点移転の動きが起き始めたのです〉（小森榮「覚せい剤密輸の半世紀1」）

覚醒剤の密造技術はまず韓国に移転された。

覚醒剤の知られざる密造史

前出のP氏が覚醒剤の歴史をおおよそ解説する。

〈ところが韓国で乱用が始まって、韓国でも禁止される中で次に台湾に移ります。李登輝総統の時代、掃黒といって暴力団刈りと同時に覚醒剤が禁圧されていく〉

筆者は九二年、台湾で「流氓《リュウマン》」（台湾暴力団の総称）の取材をしたことがある。そのとき高雄市警の源鄭刑事大隊長はこう語っていた。

「去年の暮れ、関廟（台南市の南東）の山中で覚醒剤の製造現場を見つけましてね、一挙に四〇〇キロを押収しました。そこは薬液からの蒸気で樹木も枯れるほどでしたけど、なにしろ捜査に十数時間かかったでしょう。こっちもその蒸気を吸って元気いっぱいになりましたよ」

当時、覚醒剤四〇〇キロといえば、日本の年間押収量の三倍を超えていた。製造工場だからこその大量押収であり、その分、台湾での小売価格も一グラム八〇〇～一〇〇〇円とべらぼうに安かった（日本での仕入れ価格は一グラム一〇〇〇〇円前後、卸し価格が四五〇〇円、小売価格になると急に一グラム五万～一五万円に跳ね上がっていた）。

台湾では九〇年一〇月～九二年九月までの二年間で覚醒剤二四八八キロ（つまり約二・五トン）、モルヒネ六三キロ、ヘロイン一四〇キロを押収している。

覚醒剤とアヘン系麻薬に関しては、日本の押収量の一ケタ上を行くのがそのころの台湾だったのだ。

Ｐ氏は話を続ける。

〈覚醒剤はもともと日本で合成された薬物です。その密造技術が韓国や台湾に移転され一九八〇年代初頭には台湾での密造が主流になりました。八〇年代後半に台湾で覚醒剤の取締りが強化されると徐々に中国に密造技術が移転され次第に中国が密造の最大手国になっていきまして、それから一部北朝鮮にも入って行きます〉

筆者は九四年初め、中国の雲南省昆明に出かけ、薬物関係の取材をしたことがある。

そのとき昆明市政府の役人は覚醒剤ではなく、ヘロインについて、こう語っていた。

「たしかに麻薬については産地が近いもので、どうしても販売と吸飲の問題が出てくる。だけど九三年も一〇月に二〇人を死刑にしまして、今は静かなもんですよ。それに九二年の八月、昆明よりやや南に下がった回教徒の麻薬村、平遠街を大攻略しましたからね。これには軍隊と公安二〇〇〇人余を動員して、約一トン、末端価格で十数億ドル分のヘロインと銃二〇〇丁を押収してます。攻略の最中に二人を殺し、逮捕した主犯格の八人を死刑にして、その後、マカオで開かれた第五回国際抗毒会議では、諸外国からお褒めの言葉と激励金をいただいてます」

一口に平遠街とはいっても、このときは二つの県にまたがる三町村が作戦の対象となったようだ。攻略の軍と公安は病院や補給部隊、宣伝隊、通訳班などを率いていたというから、ほとんど内戦の規模だった。

約一カ月で終えた攻略の戦果の方もすさまじく、この作戦だけでヘロイン八九六キロ、アヘン八五キロ、フェナセチン（鎮痛剤。ヘロインの増量に使うという）九六キロを押収した。さらに平遠街からは武器も押収している。軍用銃三四四丁、非軍用銃約六〇〇丁、銃弾約四万発、手榴弾二七八個。その他に不正金一〇四七万人民元（当時の為替で約二億円）、金二一・五キロ、車六〇台、オートバイ三四台、高級住宅二四棟もこの作戦で押収したという。

当時、中国での覚醒剤密造は上海や福建など南の海岸部でわずかに聞かれる程度で、黄金の三角地帯でもまだ密造の主流はヘロインだった。


再びP氏の話に戻る。

〈北朝鮮は今の実態がよくわかりません。中国は二〇〇八年の北京オリンピックを境に覚醒剤に対する取締りを強化したとの情報もあり、そのためか中国から密造元が一部台湾に戻り、さらにそれとほぼ同時に東南アジア諸国に一斉に出て、世界展開していきます。中国は未だ大手の密造国でもあり、台湾でもまだ密造はなされてます。今は、インドネシアなどでも密造されています。ヨーロッパでも密造が始まってます。我々が最も警戒しているのはメキシコです。メキシコで密造された覚醒剤があらゆる手段・方法で日本へ密輸されています〉

日本で初めて北朝鮮製の覚醒剤が意識されたのは一九九七年四月のことである。北朝鮮の貨物船「チソン二号」が宮崎県細島港に入港した際、積み荷のハチミツ一八リットル缶一二個に仕込んだ覚醒剤約六〇キロが摘発されたのだ。

捜査を担当した宮崎県警と警察庁は密輸行為者の言い分を鵜呑みにして、この覚醒剤を中国製としたが、荷は北朝鮮の南浦港で積まれた上、チソン二号には政治委員として乱数表や暗号解読文を隠し持つ朝鮮労働党員二名も乗り組んでいた。状況的には北朝鮮製と見るのが正しかった。

続いて九八年八月には、高知県窪川町沖などで覚醒剤の詰まったポリ袋が多数漂流、海岸に打ち上げられた。捜査本部が調べると、三重県尾鷲市の一本釣り漁師で漁船「玉丸」の船長が埼玉県草加市の住吉会系の暴力団組長と組んで、東シナ海の公海上で北朝鮮籍の漁船と出会い、覚醒剤三〇〇キロを瀬取り（洋上で二つの船の間で荷を積み替える作業）していた。北朝鮮の漁船は操舵室の横に日の丸を描き、船首に「第一二松神丸」と漢字で書くなど、日本漁船の偽装を行っていた。

他方、アメリカ国務省は九九年版の「国際麻薬対策戦略報告」の中で北朝鮮の麻薬や覚醒剤について、次のように記している。

「北朝鮮は外貨を獲得するための国家事業としてケシの栽培、麻薬の密輸に手を染めている恐れがある。北朝鮮の中国との国境近くには四五〇〇～七〇〇〇ヘクタールに及ぶケシ畑がある。アヘンの推定生産量は年間三〇～四五トンに達する（ヘロインに精製する場合は一〇分の一量に減)。

また覚醒剤の製造能力を急速に高めつつあり、日本が北朝鮮製覚醒剤の大市場になっている可能性が高い」

米議会調査局も九九年二月にまとめた報告書の中で指摘している。

「北朝鮮は九六年の大水害でケシ畑が被害を受けた後、覚醒剤の生産を始め、年間一〇〜一五トンの生産能力を持つに至った。そのため九六年以降、日本やタイ、フィリピンなどの覚醒剤市場が急速に拡大した。麻薬、覚醒剤による北朝鮮の収入は年間一億ドルにも上っている。

北朝鮮は覚醒剤原料のエフェドリンをインド、ドイツから主に輸入。日本への覚醒剤は直接か第三国経由で密輸している」

北朝鮮が覚醒剤を国家ぐるみで製造、密輸していたのはハッキリした事実なのだ。韓国の情報機関は早くも九五年に北朝鮮がドイツから塩酸エフェドリン一五トンを輸入した事実に注目していた。エフェドリンを単に治療薬の原料として使うなら、この一五トンは北朝鮮の人口二二〇〇万人が必要とする量の一〇倍以上に上ってしまう。

当時、日本は第三次覚醒剤ブームの渦中にあった。その背景にはタイ、ミャンマー、ラオス三国がメコン川で接する山岳地帯、ゴールデントライアングルの政情不安やヘロイン、覚醒剤の乱造、北朝鮮の国家ぐるみ、かつヤクザまがいの覚醒剤乱造があった。そうでなくても暴力団の構成員には北朝鮮を国籍とする者も少なくない。北朝鮮へのパイプ、あるいは北朝鮮からのパイプはその気になれば、多くの暴力団メンバーに開かれていたのだ。

九九年一〇月、鹿児島県の黒瀬海岸で摘発された覚醒剤六一六キロは北朝鮮製の疑いをますます強めた。台湾籍の船「新生号」が黄海で瀬取りした北朝鮮船は黄海に面する北朝鮮の戦略港、南浦港から出航したと判明したのだ。

おまけにこの北朝鮮製覚醒剤にからまっていたのが台湾、香港、日本暴力団と来たから、まさしく日本の覚醒剤市場がアジア組織犯罪グループが寄ってたかる焦点になった感があった。しかもこの年九月、群馬県警が摘発したイラン人グループは約二年間に覚醒剤の密売で八億円を荒稼ぎし、うち四億円を地下銀行を通じてイラン本国に送金済みだったというから、覚醒剤はアジア、中東マフィアの共通資金源とさえいえる状態になっていた。

バイ人は語る

筆者は九九年秋、新宿・歌舞伎町のスナックで覚醒剤のバイ人から話を聞いたことがある。バイ人は四〇代の日本人男性で、もう一人の日本人男性と一緒にこのスナックを経営し、覚醒剤の客が居ないときにはカウンターの向こうでバーテンダーとして詰めていた。女性の使用人はいない。

「なにしろ小さなビニール袋一パケが一万円だから、大事に使ったって二～三回しか使えない。安い買い物じゃないですよ。

バイ人によっては一パケ八〇〇〇円から学割で出している者もいるけど、買い手は女子高生、女子中学生が多いようだね。彼女たち、ヘタなサラリーマンよりカネを持っている。売りや援交（援助交際）で稼いでるんじゃないの」

人の紹介で訪ねたのだが、警戒しているのか、自分が直接女の子に売っているとは言いたがらない。

「入荷は順調ですよ。大量摘発が続いたって品薄になることはない。我々、荷がどこから入るのか知らないけど、中国とか北朝鮮とか、そういうところじゃないの。ヤーバーといって錠剤タイプもある。あれは確実にタイからだけどね。タイ女性ルートで日本人に流れる」

男の携帯電話が鳴った。男は電話に表示された文字を確かめるように見てから、耳に当てた。

「はい、……いや、俺の方からそっちへ行く。……あるよ。二〇～三〇分はかかると思うけど。分かった」

男は素っ気なく電話を切り、「これから池袋に行かなくては」とカウンターの上に置いた小ぶりのバッグを手元に引き寄せた。一〇時ごろだった。最末端のバイ人が池袋で捌《さば》いていて、数でも足りなくなったのか。ちょうど覚醒剤をバイ人に届ける時間帯なのかもしれなかった。

男は「じゃ」と手を挙げて、店を出て行った。

男は一時間半ほどで戻ってきて、また話を聞くことができた。先ほど言いかけたヤーバーはゴールデントライアングルで密造されているという。エフェドリンを原料にする点では覚醒剤と変わらず、また錠剤をそのまま飲むか、アルミホイルの上に置いて下からライターであぶり、気化させて鼻から吸い込む使用法も覚醒剤と同じだ。ヤーバーはいくぶん純度が落ち、値段も安い。タイやフィリピンで売り捌かれ、一部がタイ人などの手で日本に持ち込まれているという。

ヤーバー中毒の恐怖

ヤーバーは覚醒剤の類似薬物といっていいだろうが、久保象『ドラッグの教科書』に興味深い女性体験者の手記が掲載されている。ストーリー展開がキモになるので、以下、少々長くなるが、手記から引用させていただく。

タイトルは「ヤーバー中毒にされたアタシ」で、主人公はナオミと呼ばれる若い女性。ナオミは表参道のクラブで遊んでいたとき、顔見知りになった同年の短大生、マユコから誘われる。

「ねえナオミ、これから知り合いんとこで家トラやるけど、行く？　……バツ（MDMA）も用意してあるって」

ナオミはラッキーとほくそ笑んで誘いに乗り、マユコと一緒にタクシーで恵比寿に行く。マユコが合コンで知り合った広告代理店マンのマンションである。マンションに着くと、

〈一回りくらい年上のチャラそうな男が、出迎えてくれました。

通されたリビングには、すでにできあがった男が二人いて、お香のようにガンジャ（大麻）の香りが漂っています。

挨拶もそぞろに、廻ってきたペットボトルのボング（水パイプの喫煙具）で（ガンジャを）ボコボコいただいていると、チャラ男が赤い錠剤を二つずつみんなに配りました。バツより一回り小さく「ＷＹ」という刻印も初物です。なんかバツっぽくないなあ。小さいから二錠も必要なのかなあ。でも、どんな感じにアガるのかなあとワクワクしながら喰べました。

それから一時間後、周りが明るくなりました。瞳孔が開いたみたいです。バツはキマると瞳孔が大きく開きます。そして、幸せいっぱいになり、音がよく聞こえるようになります。けど、ずっとかかっているトランスのキックが耳の奥で跳ねたりせず、多幸感もあまり感じられません。マユコもキマっている顔ですが、なんだか目がテンパっている感じです。男たちの表情も、明らかにバツノリじゃありません。

「みんなアガッてんな。じゃあ、そろそろビデオでも観るか？」

チャラ男がそういって、リモコンを操作しました。誰のライブかなと思っていると、大画面のモニターに流れてきたのはＡＶ。しかも無修整のヤツでした。

「ええっ。なに、これキモいよ！」

とまどうアタシに、男たちはいいから、いいからとニヤニヤするだけで止めようとしません。マユコも加勢してくれず、それどころか、腰を浮かせたり、モジモジしながら画面に釘づけです。

仕方なくしばらく観ていると、いきなりマユコが「もう我慢できないっ！」と叫んで、服を脱ぎ始めました。それを合図に男たちが次々と裸になり、マユコに襲いかかったのです。

いったいなに、この展開！とビックリしましたが、クチュクチュいやらしい音を立て、目の前で三人の男にオモチャにされているマユコのあられもない姿はとってもエッチで、ＡＶの比じゃありません。マユコは盛りのついたメスネコのように泣きまくりです。

実はアタシもさっきから身体が火照って、パンツがびしょ濡れで……バツじゃこんなふうになりっこない。あの錠剤はいったいなに？と思いながら、気がつくと自分から下着を脱いでいました。

欲しくてもうたまりません。どうなってもいい感じです。どこを触られてもビンビン脳天までシビれちゃいます。こんな気持ちいいのは初めて。誰としているかなんて全然関係ありません。

まさかアタシがスワッピングだなんて……結局、外が明るくなるまでやりっぱなし。羞恥心はまったく消え「もっともっとして〜！」と、快楽を貪るケダモノに変身した自分の姿に、ただただ唖然とするばかりでした。

あとで、あれはバツではなく「ヤーバー」だと知らされました。東南アジアで蔓延している錠剤型の覚醒剤です。マユコは承知でした。つまり、（私は）ハメられたのです。男たちもカタギの人間じゃありませんでした。

あれ以来、アタシはヤーバーなしでは生きられない身体に調教されてしまいました。ヤーバーをキメると、どんな変態行為も恥ずかしくありません。

ヤーバーをもらう代わりに、ビデオに撮られたり、知らないオヤジとやらされたりもしています。ようやく「人間やめますか」の意味がわかったような気がしています。でも、やめられません。体重は一〇キロ減り、生理も止まり、学校も全然行かなくなりました。このまま、どこまでも堕《お》ちていってしまうのでしょうか……〉

東南アジアのヤーバーは日本の覚醒剤のメタンフェタミン系ではなく、アンフェタミン系の薬物のようだが、いずれにしろ日本密造業者の技術移転が技術と同時に摂取の悪習を海外にまで広めたのだろう。それが回り回って日本の男女を蝕み、今では「人間やめますか」とまで追い込んでいる。

第四章

なぜコカインは高級品なのか？

価格はどう決まるのか

オーストラリアには、金持ちはコカイン、貧乏人は覚醒剤といったイメージがあるという。同様のイメージはアメリカにも存在する。

メキシコ麻薬戦争の内幕を描くドン・ウィンズロウの小説、『ザ・カルテル』（峯村利哉訳）に次の一節がある。いうまでもなく文中の「シャブ」は覚醒剤の俗語である。

〈「セータを殺してくれるぶんには問題ねえ」とディエゴが答える。

「それはそうだが、北米のシャブ市場じゃ、最大の競合相手なんだぞ」

「シャブ中ならいくらでもいる」

うむ、ほとんど図星に近い、とエディは思う。メキシコ人はついに、貧乏白人の好みに合い、貧乏白人でも賄える麻薬を見つけ出した。そして、この世の中で決して供給が途切れないものを挙げるなら、それは貧乏白人だ。

貧乏白人には自己増殖機能がある〉

「自己増殖機能」とはずいぶん貧乏人をバカにした言い分だが、覚醒剤はコカインに比べ、それほどアメリカでは安いわけだ。

アメリカの覚醒剤末端価格はメキシコとの国境地域では一ポンド（四五三・六グラム）当たり三五〇〇ドル、一グラム当たりに直せば、わずか八四〇円程度になる。たしかに安い。日本での覚醒剤末端価格は一グラム当たり三万円以上である。価格の日米差は三〇倍以上にもなる。

ちなみに一九八七年アメリカで刊行されたロジャー・ワイス、スティーブン・ミリン著『コカイン』によれば、コカインの末端価格はほとんどの都市で、一グラムが五〇〜一〇〇ドル（約五〇〇〇円から一万円）、二八グラム（一オンス）が二〇〇〇ドル程度なのだという。

日本の覚醒剤の末端価格はアメリカで高いといわれるコカインよりさらに高い。もっともコカインの乱用者でもひどい者は一日二〇グラム以上のコカインを消費するというから、一日当たりの費用で比べるなら、やはりコカインが高くなる可能性もある。

日本では地域によって覚醒剤の値段は違うのだろうか。特に覚醒剤を偏愛する地域というのはあるのか。

厚労省麻取関係者のP氏に聞くと、次のような答えが返ってきた。

〈末端価格は全国で、恐らくそんなに変わらない。大体〇・二から〇・三グラムが一パケとして一万円で売られています。しかしながらネットで販売されている物については、若干値段が高めになっている。薬物濃厚地域ということでは、あくまでも末端小売り段階の話になるが、大阪の西成あいりん地区（旧釜が崎）はまさに濃厚地帯。多くの密売グループが割拠しています。あそこと並ぶような場所は日本にはない。

厚労省の麻薬取締部は全国に展開しているが、大消費地は東京、大阪、ついで、愛知、神奈川、福岡になり、ほぼ人口に比例している。他の地方はさほど多くなく、わざわざ覚醒剤の入手先を探しに行かなければならないほどです。

薬物犯罪の発生件数も地域でまるきり違う。大阪・西成に絡む事件が日本で最も多いのではないかと考えられ、地方の数県分を超える。東京では新宿になるはず。西成では大阪府警本部、関係所轄署そして麻取が徹底して取締りに当たっているが、全部でやっていても、発生する犯罪への対応が間に合わないのが実情です。

西成で逮捕される人間は半分以上が暴力団関係者、さらに無職の男たちだ〉

日本での覚醒剤流通ルートはどうなっているのか。海外からの密輸入元→元卸→仲卸→卸→末端小売りぐらいに考えたらいいのか。その場合、価格はどのように変遷するのか。また末端での売り方はどのようなものか。混ぜ物がある場合、それはどこの段階で混入されるのか。

前出のP氏の答え――。

〈だいたい覚醒剤一キロあたりの市場価格は一〇〇〇万円前後といわれています。一時期はずいぶん値が下がって四〇〇万円ぐらいまで落ちた。最近、またちょっと上がってきているが、一〇〇〇万円は超えていない状況です。一番高騰したのは私の記憶では北京オリンピックのころで、一キロ三〇〇〇万円ぐらいまで行ったことがある。平均的に見ると、だいたい一〇〇〇万円といっていいと思う。

密輸元が一キロ数百万円で仕入れたとすると、次の段階で一キロ一〇〇〇万円前後、ついで一〇〇グラムあたりの取引になり、それが（一〇〇グラムが）一三〇万円～一五〇万円（一グラム当たりが一万三〇〇〇円～一万五〇〇〇円）。総じて取引量が小さくなると、単価は上がる。一〇グラムあたりだとだいたい（一〇グラムが）二〇万円（一グラムが二万円）。一グラムあたりの取引だと（一グラムが）三万円とか五万円といったところになります。

さらにいちばんの末端となると、さっき言ったように〇・二〜〇・三グラムが一万円ということになる（一グラム当たり三万三〇〇〇円〜五万円）わけですが、使用者間だと、さらに小口の取引になり、中には〇・〇一五グラム一〇〇〇円とか一五〇〇円とか。一回使えばそれで終わる量です。これだと一グラム当たりの売値に直すと、七万円以上になってしまう〉

受け渡し方法と秤量

Ｐ氏の話が続く。

〈受け渡しは、場所を問わない。指定場所に宅配や郵送で送ってくる場合もあります。一般的な暴力団や外国人組織の密売では、携帯電話で注文をうけて適当な場所に配達する。いわゆるクラブ等にバイ人がいて、場内で堂々とやっている状況もあるし、店の周辺で受け渡しとか、いろんなケースがある。

混ぜ物が入るのは末端の方に来てからでしょう。あまり最近、混ぜ物ということは聞かない。それだけ流通量が多く、潤沢に流通しているといえます。昔はバイ人のところ

に行くとアンナカ（安息香酸ナトリウムカフェイン）などの増量剤があったが、最近の押収例は少ない〉

「電子バカリ」といわれる、〇・〇〇一グラムまで計れるようなハカリをバイ人は持っているのか。覚醒剤の秤量《ひょうりょう》は正確なのか。

〈昔のバイ人は天秤バカリを使っていた。分銅を使ったり、分銅替わりに五円玉、一円玉を載せるとか。今は電子バカリ。

電子バカリの値段は末端のバイ人が使うようなものは今一万円ぐらい。秤屋にはよく聞き込みに行った記憶がある〉

警察や税関などがよく「何々港に停泊中の貨物船から覚醒剤一七キロを押収、末端価格約一二億円相当」などと公表する場合、末端価格を最底辺の小口売買価格、たとえば一グラム当たり七万円を使うから、押収量の末端価格が思い切り巨額になる。実際の流通段階では当然、それより低い値段で取引されている。

ところで覚醒剤とコカインは何から何まで非常によく似ている。コカインを静脈注射で摂取する乱用者がいるが、シカゴ大学出身の研究者グループによる研究では、コカインの常用者でも、コカインとアンフェタミンを静脈内に交互に投与された場合には、どちらがどちらとも告げられず、二つの薬物の効果を弁別できないという（前出『コカイン』による）。

コカインとは何か

両者の作用がよく似ているのなら、なぜコカイン常用者は値の高いコカインを好んで摂取するのか。乱用者は単にコカインの薬理学的な作用だけにカネを払うのではなく、権力や名声など、他の薬物には存在しない感覚を味わいたがるからだという。日本では覚醒剤で連想するのは暴力団であり、注射器を使うことに対してプアな感じだとするクスリ好きがいる（現在では過去のものになりつつあるイメージなのだが）。コカインの方が「高級品」という感覚である。

以下、前出『コカイン』の記述によって、コカインの概略を記しておく。

周知のようにコカインはコカの木から取る。コカの木はアンデス山脈の東側の丘陵地帯によく見られる樹高約九〇センチの常緑低木だ。コカの木は海抜五〇〇〜一五〇〇メートルの範囲でよく育ち、その葉には〇・五％ぐらいのコカインを含んでいる。収穫期は木の定植後六カ月〜三年の間で、その間、年に数回、葉を木から毟り取ることで収穫される。

農民はコカの葉を地域の加工場に持っていき、そこでコカの葉をケロシン（灯油）、水、炭酸ナトリウム、硫酸の溶液に浸して柔らかくし、コカペーストをつくる。大体一〇〇～二〇〇キロの葉から一キロのコカペーストができるという。このコカペーストに塩酸、過マンガン酸ナトリウム、アセトン、エーテル、アンモニア、炭酸カルシウム、炭酸ナトリウム、硫酸を加えることで塩酸コカインをつくる。二・五キロのコカペーストから一キロの塩酸コカインができ、値段はコカペーストの三倍になる。

コカインはふつう鼻息で吸い込むことで摂取される（スニッフィング）。鼻腔内使用である。鏡やガラス製のテーブルの上でコカインをカミソリの刃などで細かく砕き、ほぼ三ミリ巾、三～五センチの長さの筋をいくつかつくり、それを一ドル紙幣などを筒型に丸めて鼻に吸い込む。コカインは鼻の小血管の中に入り、使用三分後には血液中に検出される。

コカインは覚醒剤と同様、中枢神経系に興奮作用を引き起こす。

「神経と神経の接合部位であるシナプスでドーパミンやノルアドレナリンなどの神経伝達物質の放出促進と再取込抑制が起こるためと考えられています。覚醒剤と同様に、疲労感の消失、多幸感、食欲低下、頻脈、呼吸数の増加、血圧上昇、体温上昇などを引き起こします。中毒症状も類似していて、消化器障害、不眠、幻覚、精神障害などを生じ、精神依存を形成します。症状が進むと、幻覚や妄想を伴う精神分裂病様の症状が現れます。コカイン中毒の特徴として、皮膚や粘膜に幻覚を感じます。皮膚の上を虫がはいまわっているような感じがして、たえず爪でかいたり、実際にはいない虫を探すために、針を刺して皮膚を傷つけたりすることがあります」（井上『乱用薬物の化学』）

コカインを鼻から摂取する者がしばしば体験するのは鼻充血と風邪の症状、重症になると鼻粘膜の潰瘍、鼻中隔（二つの鼻孔を仕切る肉壁）の穴空きなどがある。

コカインの鼻腔内使用後一五分から三〇分で心拍数が上がり、血圧は上昇する。感情面では多幸感を感じるが、使用後一時間も経つと徐々に消失していく。コカインは血流中に四時間から六時間留まる。

人によっては摂取して一時間も経つと、不安感、抑鬱感、疲労感、焦燥感を感じ、コカインを追加摂取したいと考える。

覚醒剤と同様、コカインを水で溶き、静脈注射で摂取する人たちもいる。コカインの前身、コカペーストとして吸煙・摂取するやり方もある。

コカペーストはコカイン、ケロシン、硫酸、炭酸ソーダの混合物である。自然乾燥したものをタバコや大麻タバコの先端につけ、着火して煙を深く吸い込む。初めは多幸感、交際好き、満足感などが感じられるが、反復使用により不安や敵愾心、抑鬱状態が引き起こされる。コカペーストは多くの不純物を含んでいるため重篤な肺障害も引き起こす。

そのため塩酸コカインを水に溶かし、アンモニアやベーキングソーダなどを加えてアルカリ性とし、エーテルに溶解して、その後乾燥させ、エーテルを飛ばし、「フリーベース」を得る。

「フリーベース」（クラック、ロックともいう）はパイプで吸煙する。エーテルなどの溶剤はまったく含んでいない。ふつうの摂取法は水パイプだが、水パイプもタバコの先につけて吸煙する方法も大量のコカインが失われ、こうした摂取法では非常にコカイン消費が高いものにつくという。

フリーベース一回当たり五〇～一五〇ミリグラムを摂取すると、ほとんどすぐに多幸感を経験し、同時に血圧、脈拍、体温、呼吸数の上昇を伴う。ほぼコカインの静脈注射と同様に強力に作用するが、多幸感は吸入後、一〇分から二〇分で終わってしまう。その後、多くの乱用者は不安と抑鬱感を感じ、再び強くフリーベースへの渇望を生じるのである。

〈フリーベースの吸煙による心理学的効果は、使用後五分でピークに達し、一〇分後には激しい抑うつと興奮および薬物渇望の状態（「つぶれ」）がひき続いておこるので、多くのフリーベースの吸煙者は、これらの症状がおこる前に再び吸煙することによって、これらの症状をかわそうと試みる。急性中毒から「つぶれ」に至るまでの期間が非常に短いので、これらの人たちはほとんど連続してコカインを吸煙し続け、手持ちの薬物を使い果たすまで、ほとんど絶え間なく、急性中毒状態のままでいる。コカイン使用のこうしたパターンは「突っ走り」とよばれ、数時間から数日間持続する。フリーベースの吸煙は、その効果の少なさと結びついて、非常に金のかかる習慣となってしまう。「突っ走り」が二週間も続くと述べた数人のフリーベース吸煙者を治療したが、その間に彼らは毎日三〇グラムのコカイン（街頭価格で約二〇〇〇ドル）を吸いきってしまう〉（前出『コカイン』、引用ママ）

二〇〇〇ドルといえば二〇万円以上である。毎日コカインに二〇万円では経済的にパンクする。

一回だけでも「乱用」になる

これに対し、覚醒剤の場合、静脈注射で摂取すると、直後に爽快感、多幸感を味わい、それが数時間続くといわれる。もっともコカインの多幸感は強烈で、覚醒剤の比ではないという者もいる。その代わり覚醒剤はコカインの一〇分から三〇分を問題としないほど長持ちする。快感を求めて何度も何度もスニッフィングする必要はないわけだ。

多幸感が終わった後、「つぶれ」を経験するのはコカインと同じだが、少なくとも覚醒剤を一人で毎日三〇グラムも消費するほどの乱用者はいない。だいたい覚醒剤の致死量は一回につき〇・五グラムから一グラム程度と考えられ、三〇グラムはあり得ないのだ。

前出のP氏は経験知として次のように言う。

〈一般的に医薬品というのは、その使用量や使用方法が同じであっても薬理作用が同じように現れるとは限らない。つまり薬物に対する反応性「薬物感受性」に違いがあります。男女によっても差異があり、女性は男性に比べ薬物感受性が高いと言われている。これは性ホルモンの関係らしい。年齢も薬物感受性に重要な関係をもっており、子供と高齢者は薬物感受性が高い。これは肝臓の代謝機能と腎臓の排泄機能の問題で、子供は未成熟、高齢者は機能が低下している。だから子供に投与する薬物量と大人のとは全然違います。個体差もあり、人により全然違います。
二〇一五年に熊本で子供が覚醒剤を飲んで死亡するという痛ましい事件が発生しました。
子供の場合はわずかに投与するだけで〈覚醒剤の許容限度というのはいわゆる致死量を言っていると思います〉、許容限度を超えます。覚醒剤の致死量については個人差もあり、健康状態や摂取方法、また耐性形成（身体が薬物に慣れてきて同量では効かなくなる状態）の有無等により特定することは困難だと思いますが、私が学んだところによると、人の場合は静脈注射で一二〇ミリグラム、経口で一グラム、とされています。ところが現実には一回の量で一グラム注射した者もいました。これには驚きました。致死量を優に超えています。ちなみに正規医薬品である覚醒剤の一回の投与量は成人の場合は錠剤で二・五～五ミリグラム、注射で一～三ミリグラム程度です。不正乱用の場合は最低でも一回に二〇～三〇ミリグラムは使われています〉
薬物の「乱用」とはわずか一回だけの使用でも「乱用」という。複数回、頻繁に使う意味からではなく、薬物を医療目的に照らして正しくなく使うから「乱用」なのだ。字で書けば「濫用」から来ている。

そういう薬物の乱用者を、合理性で考えることは相応しくないのだが、覚醒剤とコカインを比較すれば、薬理的にも経済的にも、より合理性があるのは覚醒剤という気がする。欧米でなぜコカインが重視され、覚醒剤が軽んじられるのか、考えれば不思議な現象である。

コカインにも覚醒剤と同様に精神的依存性がある。

〈コカインにはコカイン精神病ともいうべき後遺症も出現することを知っておくべきである。すなわち、コカイン吸煙を続けていると数カ月、また、静脈注射をすると数週間目から様々な種類の幻覚妄想状態があらわれ、この状態をコカイン精神病という。この病態が進行すると、さらに皮膚の下に虫が這いずりまわったりする感覚が出たり、自分を付けまわして家に押し入ろうとする者がいると感じるような被害妄想がおきたりする。被害妄想がおきるのは、覚醒剤による精神病とよく似ており、しばしば殺人事件に発展したりすることもあるという。そして、長期間コカインを摂取すると、理由のない不安に襲われ続けるようになる「不安障害」の症状もあらわれるという。以上のような事実からも、コカインは社会問題をひきおこす薬物の上位にランクされている〉（船山信次

（『〈麻薬〉のすべて』）

コカインは別名「ラブドラッグ」であり、覚醒剤と同じく、性欲を高める薬物としての評判がある。コカイン使用の初期には性欲が刺激され、快感が増すと考える人がいるが、どうも事実とは違うらしい。

この点もセックスで使う覚醒剤とよく似ている。

前出『コカイン』は次のように記している。

〈コカインがしばしば利用される理由は、媚薬としてのその評判にある。この噂は確かめられてはいない。しかしながら、ロサンジェルス、カリフォルニア大学の心理学者ロナルト・シーゲルによる規則的コカイン使用者の研究において、コカインを使って性的刺激の増進を経験したと述べた者は調査対象者のうち一三％だけであったという。コカインによる精神的刺激と、脱抑制は、初めのうちは性的快感を高めるかもしれないが、より多くの、より頻回にわたる薬物の使用は一般に性的機能障害をひきおこす。陰萎や射精不能は、男性のコカイン使用者によくある訴えである。性欲低下は男性の使用者にも、女性の使用者にも典型的にみられる。酩酊している間、性交がより快楽的であると初めて感じた人は、性的喚起のために、コカインに頼るかもしれない。しかし、長期間、コカインを使い続けると、その後長い間性交を楽しむことができなくなることがわかるであろう。

コカイン使用者のなかに、クスリを直接生殖器に塗り、性的快感を増そうとする者がいる。コカインは局所麻酔剤なので、陰茎や陰核のような粘膜の上に薬をつけることは実際には知覚を低下させ、性交を長引かせることになろう。コカインが塗られた組織は、血流が減少し完全にかわいて、潰瘍となることもあるので、この方法は実に危険である〉

若い女性はこうして転落した

このようなコカインがもたらす悲劇はとりわけ女性に著しい。覚醒剤と同じような結末をもたらすのだ。『コカイン』では仮名がエリーという若い女性が登場し、手記を著している。彼女はコカインに溺れ、入手するために売春するまでに至る。日本とアメリカ、国は異なるが、薬物とセックスとの関係、また薬物が女性を転落させていく過程は相似形をなしている。

少し長くなるが、要約して紹介しよう。

エリーは一九歳のとき初めてコカインに手を出した。近所の男友だちと泊まっていたとき、男友だちの一人がコーク（コカイン）を持っていて、一緒にやろうと誘われる。エリーはその男の家に行って二筋分のコークをやった。何も起こらず、全然ハイになれなかった。エリーはそれまで三年間マリファナを吸っていた。が、もう少しハイになりたいと思い、それで誘いにも乗った。もう少しやればいいのかと思い、さらにコークを何筋か吸った。外に出ると雪が降っていた。雪が本当に今まで見たことがないほど白く見え、まるで自分がこの世の頂点にいるかのような高揚感を覚えた。

数カ月のうちにエリーはコークを習慣的に使うようになっていた。その間、自分が本当のスーパーウーマンになったような気がした。クラブやディスコに行く前には必ずコークをやった。ふつう四分の一グラムを二五ドルで買うか、二分の一グラムを買って、二、三人の女友だちと分け合った。四分の一グラムはちょうど一〇筋分で週末まで使えた。

金曜の夜になると、コークを二筋分やってから外出した。土曜の朝、目が覚めると一筋分をやって近くの浜辺に出かけ、帰宅してから残りのコークをやった。

「私にはその当時コカインが私の性生活を蝕んでいたということはできない。だって、コークをやったときのセックスはよかったんだから。私はそれが好きだった。それだけではなく、男友だちに会いたいときには何回でも会うことができた。二分の一グラムのコークがあれば、そんなふうにして彼とアパートにいることができた」

エリーは仕事の前、休憩時間、ときには職場でも数分間一人っきりになったとき、コークを使い始めた。彼女の祖父は宝石職人で、指輪、ネックレス、ブレスレットなどのコレクションをエリーに与えていた。彼女はそれを売り始めてコーク代に充てた。彼女にとって指輪を一つ失うことより多くの友だちを引きつけることの方が重要だった。みんなはエリーが薬物を持っていなければ、彼女の周りにやって来なかった。初めて宝石を売ったとき、自分だけのためのコカインに週八〇ドルを使った。

エリーの仕事の遂行能力は一直線に下降していった。彼女は朝の四〜五時までコカインをやり、六時ごろ眠りについた。ふつうの人たちが仕事に行く時間にエリーは寝ていた。そのために多くの仕事を失い、勤め先を次々と探さなければならなかった。

人にウソをつくこととごまかすことがこの頃から始まった。毎日コークをやった。月曜から金曜まで一筋が二筋になり、そのうち一〇〜一五筋になり、週末には二〇筋といった具合に。マリファナやアルコールと一緒にコカインを嗅ぐこともした。自分の平衡が保たれるような気がしたからだ。

エリーにコークを売ってくれる男友だちはバリウム（睡眠薬）の大物バイ人だった。彼は一回運び屋をやれば、コーク二分の一グラムをくれた。一日平均二回運び屋をし、お金を使うことなく毎日一グラムのコカインを嗅げた。コークをやり過ぎた人は眠るためにバリウムを必要とする。エリーは男友だちに頼まれて最初バリウムを売り、次にコークも売り始めた。彼はエリーに八分の一オンス（三グラム強）のコークを渡した。エリーはそれをアパートに持って帰り、半分（一・五グラム）を自分用に、残り半分（一・五グラム）を小売り用に小分けし、実際に売って男への支払いにした。タダで手に入れたも同然の一・五グラムのコークは二時間ともたなかったが、それでも当時の生活は素晴らしかった。眠るためには、いくらでもバリウムがあった。

「私はコーク売春婦だった」

ある日の朝、このバイ人の男がドアをノックした。男は正気を失い、部屋中をメチャクチャにし、エリーをさんざん叩いた。彼はフリーベースのコカインをやっていた。エリーは恐ろしいとは思わず、逆にパワフルなフリーベースに惹かれた。

「しばらくしてから、私とこの彼氏との関係は切れた。彼が他の女性を見つけたからだ。しかし、そのときまでに私は非常に多くのお金をコークに使っていたので、私にはコークを恵んでくれるように人をだます何らかの方法が必要だった。男性といればそれは簡単だった。セックスすれば、コークが手に入った。私は誰とでも寝た。いつも、もっとコークがほしかったからだ。私はコーク売春婦だった。誰でもがそのことを知っていた。しかし、私は気にしなかった」

エリーは客がコークを持っているかぎり、すばらしく感じた。客たちのほとんどが狂わんばかりに彼女を愛していると本気で思った。彼女はクスリをやり、陶酔した。そして男たちが彼女を偉大だと思っていると信じた。

エリーが寝た男の中にコーク王といわれる大手のバイ人、レイがいた。彼女はレイに夢中になった。彼はエリーにほしいだけコークをくれた。数カ月後、彼は法的問題が生じて町を去った。その後、エリーはビルと出会った。コークをタダで手に入れたいばかりについていったのだ。彼はエリーをフリーベースに誘ってくれた。彼女がフリーベースにのめり込むには三服で十分だった。

エリーは一年間フリーベースをやった。二カ月後、彼女は精神的にも身体的にもコカイン依存症になっていた。コカインとは愛憎の関係になった。コカインを吸うことは好きだったが、落ちぶれることは憎んだ。フリーベースを始めて、バリウムがないときにはひどく暴れ出した。眠りにつけず、部屋の中にあるものを投げつけた。明け方の四時や五時にコークを求めて皆に電話した。朝四時にフリーベースが頭から抜けると、車で出かけ、ソミネックス（市販の睡眠薬）を一瓶買って部屋に戻り、瓶の中の一六錠全部を飲んで、二時間後、眠りにつけた。

ビルとの関係がおわった後、多額の借金に苦しんだ。一カ月後、あるコークバイ人に三〇〇〇ドルの借金をつくっていた。コークに関してはツケで買った後が問題だった。買ったコークは一時間以内になくなってしまい、翌日にはコーク代を払いたくなくなった。それでいながらコークが何よりほしかった。エリーは返す気もないのに、まわり中の人からお金を「借り」まくった。

とうとう誰もエリーに金を貸さず、金をくれなくなった。バイ人はツケを溜めているエリーを脅し始め、彼の女友だちが案内人になって、エリーを本格的な売春婦にした。「私は一〇〇ドルとほしいだけのコークのために、よそから来たビジネスマンと寝た。

そのとき、自分自身高級コールガールだと思った。私はそのための上品な言葉を話せた。しかし、結局のところ私は売春婦だった。私は本当は借金を返済したいために始めた。しかし、ホテルに着くと、男たちは私をコークに誘い、私は一五分以内に熱い小さな手のなかに一〇〇ドルを握って外に出た。私にお金を貸してくれた男は私の足を折ってやるといって脅迫していたが、私は借金の返済に行かなかった」

その年、エリーは仕事を首になった。その年の終わりに、知人のほとんどが逮捕され、エリーも警察から身を隠した。体重はおよそ四五キロになっていた。身長が一七三センチだから、四五キロではみすぼらしかった。どの洋服も合わなかった。シャワーを浴びず、外に出ず、アパートに潜んでいた。完全に妄想状態で、誰かがドアをノックしても隠れたし、電話が鳴っても飛び上がって驚き、浴室に隠れた。

悪夢を終わらせたい

この時点で、エリーは自分がどうにもならなくなっているのに気がついた。問題はコカインだとも知ったが、ただ誰にも自分に近づいてほしくなかった。自分ではコカインを自力でやめられると信じたがっているところがあったが、反面、自分は決してやめられない、自分はコークで死ぬだろうとも感じていた。

　コークはもはやエリーをハイにすることはまったくなかった。妄想がひどくなり、近づいて来る車の音を耳にすると、警察ではないかと考えた。車を運転すれば、いつも警察がつけていると感じたし、自分に金を貸している人たちが自分を殺すために殺し屋を雇おうと集まっていると感じた。

「フリーベースをやり続けていたとき、私は自分の体を這っている虫がいると思い、恐ろしい感染症がうつるまで右手と右足のそこらじゅうを掻きむしった。それは私に指の爪があるときのことだった。その後、私はフリーベースパイプ用のアルコールに浸してある綿球で爪を全部燃やしてしまったのだ。ある晩、私は偶然にアルコールのなかに爪を漬けてしまった。その爪は全部燃えてしまった」

　コークのバイ人からコークを盗むこともした。「コカインなんかくたばれ」と思い、睡眠薬を三本買い、全部まとめて飲んだ。この悪夢を終わりにしたかったのだが、眠りにつく前に正気になり、自ら救急治療室へ行った。スタッフが胃を洗浄し、血液検査をした。コカイン強陽性だった。彼らは自分の意志で薬物治療施設に入ることに同意しなければ、強制的に病院に収容すると言った。

この日がエリーが薬物やアルコールを使った最後の日になった。二年間脱落せず、婚約し、仕事も得た。友人や家族ともよい関係を持てるようになった。今では、自分は本当に幸せな人間だと心から言うことができる。

このように、コカインで依存症へと堕ちていく様はあまりに恐ろしい。エリーはその地獄からはなんとか逃れられたわけだ。こうしたケースは稀少であるともいえる。

要はコカインの乱用者も覚醒剤の乱用者も同じということだ。薬物として高級も低級もなく、同じように悲惨な末路だけが確実に用意されている。いったん嵌《は》まったからには、エリーのように、とりあえず生還できる者は極めて少ない。ちょうどアリ地獄に落ちたアリのように足掻《あが》けば足掻くほどすり鉢状の底に落ち込んで人生をフイにし、健康と生命を失っていく。

その死は尊厳ある死の真逆で、誰も同情や共感の涙を注いでくれない。生まれてこなかった方がよかったと思わせるほどの無駄死にである。

第五章　暴力団との関係は？

密売の仕組みとは

暴力団と覚醒剤の関係は深く、広い。

まず日本国内における覚醒剤の流通は基本的に暴力団が仕切っている。海外から密輸入する元請けはほぼ一〇〇%暴力団だし、たまに在留する中国人やメキシコ人が荷受人になって中国やメキシコなどから大量に覚醒剤を仕入れる場合があるが、それらを国内で売り捌くためには、やはり暴力団の力を借りる、つまり暴力団が国内に張りめぐらせた販売網を利用しなければ大量の薬物は売り捌けない。

末端のバイ人には暴力団に籍を置かない非組員もいるが、彼らもまた元組員だったり、以前は組員が営む密売所の顧客だったり、何らかの形で密接に暴力団とつながっている。だいたいバイ人の覚醒剤仕入れ先は暴力団からと決まったようなものだ。

暴力団の覚醒剤密売ネットはほとんど組の系統別ではない。つまり山口組なら山口組専用の密売ネットがあるわけではなく、組横断的に覚醒剤取引が行われている。というより表向き大手暴力団の多くは組員が自ら覚醒剤を乱用したり、覚醒剤の密売に携わったりすることを禁じているから、○○組系専用の密売網といったことは、建前上もあり得ないわけだ。

そうした事情もあり、大阪・西成のような覚醒剤密売の密集地でも、多くの密売所やバイ人がたいした争いもなく棲み分け、共棲できている。

たとえば平成三（一九九一）年版『警察白書』は暴力団密売グループを元売、中間卸、小売に三分類した上、次のように例示している。

〈**元売組織**

元売を行っている暴力団には、比較的規模の小さいものが多い。こうした元売組織の構成員は、海外の密造組織から年間数十キログラムから数百キログラムの薬物を入手して、国内の中間卸組織に売り捌いている。

［**事例**］　福岡県の道仁会系暴力団M組は、組員二〇人あまりの小さな組織であるが、台湾の密売組織から洋上取引で年間数百キログラムの覚醒剤を仕入れ、これを宅配便等

を使用して全国の暴力団に卸し、その売上げは年間六億円以上に上っていた。
福岡県警は、覚醒剤取締法違反の疑いで、組長を含むM組組員八人を逮捕したが、八人の間には、総括責任者、密輸責任者、密売責任者、運輸担当者、密売担当者、運搬担当者、保管担当者という役割分担ができていた〉

〈中間卸組織
中間卸を行っている暴力団は、元売組織から仕入れた薬物を継続的に小売暴力団組織へ密売している。

［事例］ 北海道に所在する道仁会系暴力団O組は、組員一〇人あまりの小さな組織であるが、同じ道仁会系の暴力団組織から覚醒剤を宅配便を利用して仕入れ、電話で道内の暴力団から注文を受け、組事務所等で直接卸売していた。
北海道警察は、覚醒剤取締法違反の疑いで、組長を含むO組組員三人を逮捕したが、三人の間には、総括・仕入責任者、密売責任者、密売担当者という役割分担ができていた。我が国での薬物の卸売は同じ系列内の暴力団の間で行われる例も多いが、系列には関係なく卸売をしている組織もある〉

図２　暴力団間の薬物の流通状況（昭和62年〜平成２年の摘発事例）

福岡県の道仁会系暴力団

流通経路

- → 北海道の道仁会系暴力団
  - 札幌市内で卸売に従事
  - → 北海道の山口組系暴力団
    - 札幌市内で卸売及び小売に従事
- → 広島県の共政会系暴力団
  - 広島県周辺で卸売及び小売に従事
  - → 兵庫県の山口組系暴力団
    - 兵庫県内で卸売に従事

神奈川県の稲川会Ｈ一家系暴力団

流通経路

- → 北海道の稲川会Ｈ一家系暴力団
  - 北海道内及び仙台市内で卸売に従事
- → 青森県の稲川会Ｕ一家系暴力団
  - 青森県内で小売に従事
- → 千葉県の稲川会Ｏ組系暴力団
  - 千葉県内で小売に従事
- → 山梨県の稲川会Ｙ一家暴力団
  - 兵庫県内で卸売に従事

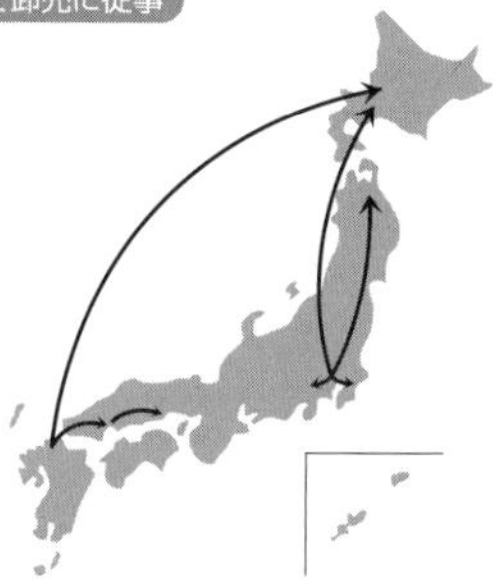

「平成３年版　警察白書」より作成

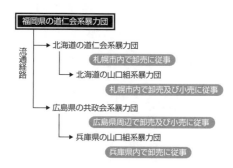

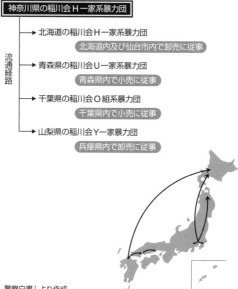

〈**小売組織**
小売を行っている暴力団は、中間卸組織や元売組織から仕入れた薬物を末端の乱用者に小売りしている。小売組織は、薬物を直接に末端密売者や個々の乱用者に売りさばくものであるため、比較的構成員の多い暴力団がこれに当たることが多い。また小売組織は、警察の摘発を防ぐため、顧客から情報が漏れないよう密売の交渉に転送電話を用いるなど販売方法に工夫を凝らしている。

〔**事例**〕　青森県の稲川会系暴力団U一家は、組員三〇〇人の大規模な組織であるが、同じ稲川会系の暴力団から覚醒剤を仕入れ、青森県内全域の乱用者に小売を行っていた。青森県警察は、覚醒剤取締法違反の疑いで、U一家組員四九人を逮捕したが、四九人の間には、会計責任者一人、仕入・密売責任者一人、密売担当者一四人、運搬担当者二六人、電話受け担当者七人といった役割分担ができていた〉

同白書によると、覚醒剤を海外から仕入れる元売は一グラム当たり一〇〇〇円前後、卸売価格は一グラム当たり四五〇〇円前後、小売価格は一グラム当たり五万円から一五万円だという。

これを米国と比べると、卸売価格と小売価格との差が大きいことが特徴的で（白書では、米国の覚醒剤取引価格として、卸売価格一グラム当たり一八〇〇～五四〇〇円、小売価格一グラム当たり六八〇〇～一万六九〇〇円を挙げている）、これにより暴力団にとって覚醒剤が非常に高収益のシノギであることが分かる。平成元（一九八九）年の警察庁の調査によると、暴力団は年間収入の三四・八％に当たる約四五三五億円を覚醒剤の不正取引で得ているとしている。

覚醒剤の密売は現在も暴力団のシノギとして突出している。

暴力団の伝統的な資金源活動としては、この覚醒剤密売を筆頭に各種のバクチ、管理売春があるが、覚醒剤密売以外のシノギはおおむね不調である。みかじめ料収入は暴力団対策法や各地の暴力団排除条例が物を言い、払う店が減少している。債権取り立ても同様である。土木建設工事の下請けや前捌きからも暴力団やそのフロント企業は排除され、ヤミ金や野球賭博、競馬や競輪のノミ行為、地上げ、不動産などは壊滅状態である。

中でやや業績を上げているのは解体業、人材派遣業（いわゆる人夫出し）、闇カジノ、インターネットカジノ、半グレ集団の手伝いをする特殊詐欺ぐらいのもので、覚醒剤は一頭地を抜いた安定的な収入源なのだ。

「今どき財布に二〇万円、三〇万円という万札が入っているヤクザは、たいてい覚醒剤に触っている」とヤクザ業界では言われている。覚醒剤だけはさほど浮き沈みなく暴力団の収益源であり続けているのだ。

大阪の独立系暴力団の若頭をやりながら、長らく覚醒剤密売をシノギとした木佐貫亜城《きさぬきあき》によれば（彼の素性については後で触れる）、覚醒剤の密輸元やそれに近い大元締めや下の元締めたちは覚醒剤を一キロ単位で小分けする。中間卸元は一回につき三〇〇グラム程度を仕入れ、それを五〇グラムから一〇〇グラムに小分けしてバイ人に売り、バイ人は五グラム単位で小分けして小売人（関西ではコシャという）に売る。小売人は、それを〇・八グラム、一グラムと、小さなビニール袋に詰めて客に売る、としている。

女親分の過激なシノギ

浜野恵美子は覚醒剤中毒の夫（組長）に替わって組を取り仕切った女親分だが、覚醒剤の密売も広く手掛けた。彼女はその著書『女極道にグッドバイ』の中でこう記している。

〈シャブはたいした元手も要らず、儲けは確実でした。ネタモトから一〇万円ほどで引いて（仕入れて）きた覚醒剤に、エフェドリンという混ぜ物をしてから一グラムずつのパケ（小分けにしたシャブを入れた透明の袋）にして売れば、確実に五〇万円以上は儲かるのです〉

歴史的にも戦後のヒロポン時代から、暴力団と覚醒剤の縁が深いことは前章で見たとおりである。なにしろ博徒の場合、勝負に熱くなると盆ござの前、衆人環視の中で諸肌脱ぎになり、堂々と腕の静脈に覚醒剤を注射していたほどだから、戦後しばらくは、どのヤクザがポン中か、一目で分かったという。

当時は多くのヤクザが覚醒剤の愛用者であり、また密造や密売も手がけていた。

一説にヤクザの原型はヒモとされる。また警察庁の研究でもヤクザの階層に「女依存型」がある。女の稼ぎに生計を頼る組員といった意味だが、「女依存型」は最末端ではないまでも、かなり下位層の組員である。

男を売るはずのヤクザが女の稼ぎをアテにするヒモが原型とは意外だが、事情を知れば、ある程度、納得できる話でもある。というのは、組員は覚醒剤を扱っている、扱っていないに関係なく、頻繁に逮捕され、勾留・服役で身体を拘束される。亭主の組長が

「社会不在」の間、組内で「姐さん」とよばれる主婦が（経済的にしっかりしたナンバーツーがその組にいなければ）組長に代わって家族や組を守らなければならない。

女の細腕で稼げる商売で手っ取り早いのは水商売か風俗かとなり、亭主であるヤクザの思惑に関係なく、否応なく組員はヒモ的状況に陥る。

前出の浜野恵美子はある日、本家の親分に呼び出され、こう言われたという。

「オレが博打行ってもどこ行ってもな、浜野の女房、浜野の女房って、お前の名前っきり出てこねえぞ。おまえの名前を売らないで、オヤジの名前を売れ。おまえは家にいて、オヤジを伸ばしてやることだけ考えろ。オレはおまえをうちの組員にした覚えはないぞ。いいいか、金輪際、斬り取り（債権の取り立て）なんかやめろっ！」

浜野は親分に反論する。

「じゃ、うちの若い衆と子供はどうするんですか。誰が食べさせてくれるんですか。オヤジが面倒みてくれないから、私が頑張ってきたんですよ」

「その辺の極道の女房のようにな、水商売でも踊り子でもやれっ」

浜野によれば、ストリッパーたちは、

〈たいていが極道の女たちで、自分の男のためにトルコ嬢やストリップの踊り子になって稼いでいるのでした。みんな妊娠しても、だいたい七カ月くらいまでは照明の具合でごまかせますから、それまでは踊り子として働き続けるのです。

そうやって、自分の身体で稼いだお金で、極道としての男の顔を立ててやるわけです。早い話が男はヒモです。男が出世して自分が組のアネェと呼ばれるようになっても、稼げるうちは身体で稼ぎ、やがていいかげんな年になったら、今度は金貸しなどで稼ぐ、というのが一般的な極道の女の生き方なのです〉（『女極道にグッドバイ』）

健気な姐さんのなかには、何とか自分の手で亭主を男として売り出したい、男にカネの心配をさせたくない、カネがないばかりに男のつき合いができないような男にはしない、と頑張る女性たちがいる。そういう組員たちは若い時期、女の稼ぎで見栄を張り、他の組員たちの前で恰好をつける。因業な商売でもあるのだ。

ヒモ的ヤクザとしては、女に喜んで働いてもらわなければならない。そのための小道具としてまれに覚醒剤を使うこともあるが、常用はできない。常用すれば女が覚醒剤の依存症になり、どのような分野にも耐えられない体になるからだ。

浜野は就寝中、夫に覚醒剤を注射された。

〈夫の汚いやり方が気に入らず、むらむらと怒りが湧き起こってきました。

「そう、そんなにやらせたいの。それなら死ぬまで打ってやるわ」

それから、私も夫と一緒にシャブ中への道を突き進むことになるわけです。(略)夫がびっくりするほどのスピードで、私はシャブに狂うようになりました。身体がご飯を受けつけないものですから、六〇キロもあった体重がみるみるうちに三八キロに減り、ガリガリでまるで骸骨のようになってしまいました。

さすがに、夫はあわてふためいたようです。

「頼むから、もうやめてくれ。オレの命に代えてもやめてくれないか!」

「私が何でもとことんやる人間だってことくらいわかってるでしょうに……」

夫に土下座され、やめるよう懇願されても、私は平気でシャブをどんどん打ち続けました。

シャブもばかばか売りさばきました〉(前掲書)

覚醒剤の密売をシノギとする組員のうち、自ら覚醒剤を使う者は客に売る前の「味見」のつもりが、いつの間にかその魔力に取り付かれた者たちだろう。彼らの多くはほどなくキメセクを好むようになる。女房や内縁の妻、ある程度固定した関係にある女性と性交渉をもつこともあるが、このことは彼女たちを常習者に仕立ててしまう危険がある。

対して自分と無関係の女性を覚醒剤の依存症にすることは、バイ人にとって販路の拡大につながる。しかし、彼らが女性と性交することは、多くの場合、商売っ気抜き、好きでしている。覚醒剤は飯のタネと同時に、彼らの嗜好品でもあるのだ。

バイ人が明かす「覚醒剤とセックス」

木佐貫亜城は大阪の覚醒剤のバイ人である。一九四六年、鹿児島市桜島生まれ。既に七〇歳を超えている。

木佐貫は一五歳で佐世保初等少年院に送られたのを手はじめに九州で悪事を重ね、二二歳で大阪に出て、尼崎の関西護国団に入り、谷田哲雄団長の舎弟を経て二九歳で若頭に昇進、自らも大阪に「亜城総業」を設立した。

それに前後して木佐貫は大阪市南区日本橋の覚醒剤卸元、高泰源に密売の手ほどきを受け、以来、これまでに売った覚醒剤の総量は二〇〇キロを超え、逮捕歴二一回、前科一二犯、服役年数は合計三〇年に及ぶという。

この木佐貫はどういう思惑からか、密売業やバイ人、依存症患者の内情を描く手記、

『実録シャブ屋』全三巻を刊行している。「シャブは怖いでぇー、ほんまにやめとき」などと言いつつ、ほとんど反省の色が見えない奇妙な本だが、それなりにリアリティが濃厚な著作である。

木佐貫自身も覚醒剤の乱用者であり、かつキメセクを好んでいる。著書の中に次のような記述がある。

木佐貫がある日の午後七時ごろ、車を走らせていると、ポケットベルが鳴った。舎弟からで、たぶん品物のシャブが足りなくなったので補充を頼むという用件だろうと思ったが、舎弟に電話して確認しなければならない。まだ携帯電話が普及していない時代の話である。

北区の辺りで車を停めて電話ボックスに入ろうとすると、二五、六歳の女が電話している。ドア越しにかすかに聞こえる声が「ブツがどうのこうの」と言っている。木佐貫はこの女はシャブ中かもしれないと疑い、女に興味を抱く。

「私自身もシャブを射っているので完全に〝この女はシャブ中だ〟と確信を抱くのである」

木佐貫は電話ボックスのドアを半分開けて、「姐《ねえ》ちゃん、よう効いてるなァ」と声を掛けると、女はびっくりした顔をしている。続けて私は、「ワシ、ちょっと急いてんやけど、早うしてくれるか？　効き目で長話されたら、かなわんなァ」「姐ちゃん、シャブ一発やるさかい、ワシと替わってくれるか、急いてるんや……」すると女は「ホンマに？」と返事をした。「姐ちゃん、一発、欲しいんか？」「ホンマにくれるん？」と嬉しそうな顔で返事をする。

結局、木佐貫は女と替わって舎弟に電話し、用件が覚醒剤の補充だったことを確かめる。女にはこれからシャブを取りに行って舎弟に届ける、その後シャブをやるということで話をまとめる。女を車に乗せ、道中、女が京橋のスナックで働いていることや、名前が真由美、年齢が二三歳などを聞き出す。女はすでに友だちのところでシャブを入れていて、仕事を休むと店には言ってあるという。

〈「ほなら、今日はゆっくりできるんか？」「うん、付き合いできるよ」「ラッキー！」と、私は心の中で指を鳴らした。シャブを射つ者は女遊びが好きだ。女もシャブを射つと、セックスがいいので、淫乱になるようだ〉

用件を片づけ、ミナミのホテル街に行った。一緒に風呂に入った後、〈私は、まず女に一発シャブを入れてやろうと思い、二グラム位が入ったビニール袋の

中より一発分のシャブをメモ紙の上に乗せて、真由美に、

「お前、これぐらい、いつも注射しているんか」

と尋ねると、真由美は、素肌にバスタオルを巻いただけのスタイルで、ベッドの上に乗り、私の横に座って私の差し出したシャブの量を見ると、

「少し、多いようやけど、それ位大丈夫ヨ」

私は注射器を水洗いし、シャブを入れて、水を注射器の目盛りの〝四分の一〟まで吸い上げ、右手で振って、それから左手の人差し指の上で、注射器を擦り、シャブを溶かして準備完了である。

真由美が右腕を伸ばしてきたので、片膝を立てさせて、その上に右腕を置かせる。上腕部分を、ホテルの浴衣のヒモで縛り、真由美に左手で持たせると、私はシャブの入った注射器を手に取った。そして立て膝で右腕を縛っている真由美の姿を見ると、立て膝の奥の秘部はもうすでに愛液を溢れさせている。

〈真由美の腕の血管に注射器の針を刺して、注射器の中筒を引くと、血管より血が注射器の中に逆流してきた。血管の中に針は確実に入っていることを確認したので、真由美に浴衣のヒモを離すように合図すると、静かに注射器の中筒を押してシャブを全部、真

由美の身体の中に入れ、注射器を引き抜き、真由美の顔を見ると、目がうっとりして気持ちよさそうにしている〉

次いで木佐貫は自分にも覚醒剤を入れ、性交に入った。

〈私も限界で、我慢できずに猛烈な快感と共に「グーッ」と、射精したのである。真由美は、私が〝気〟がいき、射精すると同時に、何回目かの絶頂を迎えると、身体を震わせて失神したのである。ふたり共、しばらくは放心状態であった！

女性は、とかく愛情がなくてはセックスができないと、綺麗ごとを言うが、シャブを一発射てば、愛情もクソもなしで、只の雄と雌となって、淫欲を互いに貪り合うだけの動物となるのである。

一概には判断できないが、シャブを射った女性は羞恥心を失くし、貞操観念がなくなる。そのうえ、セックスに関しても大胆、破廉恥になり、セックスという行為自体を貪欲に貪るのである〉（木佐貫亜城『実録シャブ屋』）

こうした記述からも、またこれまでにも見てきたように、やはり女性は何度も絶頂感を味わえるが、男性は一度の射精で終わるようだ。商売人とでもいうべき木佐貫にしても、その例外ではない。しばらく休んでまた覚醒剤を射つなどすれば、男が再び女に挑むことは可能だろうが、射精は一回という基本は揺るがない。もちろん若い世代なら連続数回の射精も可能だろうが、キメセクをやるような世代は若くはないだろうし、それに若い世代なら覚醒剤を摂取しなくても、ほぼ連続的な射精ぐらいは可能なはずだ。

大多数の男にとって射精の前後数秒間にだけ強い快感を覚えるという身体機能の条件がある。にもかかわらず、なぜある種の男は覚醒剤使用のセックスをやりたがるのか。やはり、自分が性交することで何度も絶頂に達する女を見ることで支配欲、征服欲が満足させられるから、としか考えようがない。

この辺りのことは前にも述べたが、木佐貫のケースを見ても、やはり同様の感想を持つ。この点を見るかぎり、男は女への奉仕に喜びを見出す存在か、という気がする。

また女の側からすれば、風俗の女性に限らず一般女性の中にも性交時には、快感に声をあげ、男を喜ばせ、力づけるべく演技する者がいる。これはキメセクに隣り合う、小規模な、類似の行為とも見られる。逆にキメセクをする男としては、覚醒剤を入れた女には演技がない、女が身体で表わす快感は本物だという安心感、満足感が得られるのかもしれない。

さらに遊び好きな男がいう「泣きのいい女」とは、性感反応が豊かで、男に張り合いを持たせるように反応する女性のことをいうようだが、覚醒剤は臨時的に、過剰に、女性を「泣きのいい女」に変身させる便法といえるかもしれない。

自身、覚醒剤の密売で、二度、栃木刑務所で服役した前出の浜野恵美子は記している。

〈このシャブの心身への反応も人によってさまざまで、セックス狂になる人もいます。シャブをやってセックスする快感に溺れていく普通の堅気の奥様族が多いことには驚かされます。多少欲求不満気味のくれない族の彼女たちは、日常生活からの解放をシャブに求めるのでしょうが、お金が続かないのは目に見えています。そのため、身体を売りお金を作って、またシャブ打ってセックス……。これを繰り返していくうちに、シャブを打つとへそから三寸下がむずむずして男がいなくてはいられなくなってしまうのです。これが、俗にいう「マン中病」というものです。

私も初めのうちは感度良好でセックスが楽しみでどうしようもなくて、ひと晩じゅうモーテルで遊んだこともありました。そのうちすぐ飽きてしまいましたが……〉

こうした証言も生々しい。しかし覚醒剤中毒者の中にはセックスではなく、部屋の掃除に熱中する者とか、様々な現れ方をする。

女性を依存症にする男たち

ほかに、意識的に女性を覚醒剤の依存症に仕立てようとする男たちがいる。

たとえばデリバリーヘルス業界では別にインターネットカジノ店(ネッカジ)を営み、デリヘル嬢をネッカジに誘導し、彼女たちの稼ぎを吸収して、デリヘル嬢の経済をつねに飢餓状態に置くことが行われている、とも聞く。飢餓状態に置いた方が稼働率がよくなるし、デリヘル嬢、デリヘル業者、ネッカジ業者がつくる三角形の中だけでカネを移動し、外に漏れる量を少なくできるからだろう。

同じようにデリヘル業者が別にホストクラブを営み、デリヘル嬢をしてそこのホストに入れ揚げさせ、いわばホストの「太客」にして消費を繰り返させ、果てはツケの支払いで経済的な飢餓状態に置くこともあり得るはずである。

だが、筆者の知見の範囲では、デリヘル業とホストクラブ業を並立している業者を知らない。現在、デリヘル業は地域にもよるだろうが、営業が好調な業者が多く、彼らが苦労しているのは第一に税金対策である。ホストクラブは一般的に暴力団にみかじめ料を払っている業者が多く、暴力団に目をつけられやすい商売といえる。そのためデリヘル業者としては、あえて危険が多いホストクラブの経営には気持ちが向かっていかないと見られる。

ましてデリヘル業者がいっそう違法性と危険性が高い覚醒剤の密売を手掛ける理由はない。デリヘル嬢が使う覚醒剤の量など知れたものであり、とうてい手掛ける危険性に見合わないからだ。

女性を覚醒剤漬けにして利益を得ようとするのは個人業者、あるいは零細な小組織だろう。たとえばＡＶ女優を擁する零細小規模なプロダクションなどでは、女優に覚醒剤を教えるともいわれる。というのは、ＡＶ女優は不特定のＡＶ男優と交わり、快感の表情や姿態、声を演じなければならない。好きでもない男に抱かれてよがり声を上げるためには、覚醒剤で淫乱にならないかぎり難しいからとされる。これが事実であるなら、覚醒剤は業者とＡＶ女優両方の需要を満たしていると見られる。

また女衒的なヒモが縁をつけた女性に覚醒剤を仕込み（シャブ漬け）、彼女をして、覚醒剤を手に入れるためには性道徳や美意識を捨て、どんな男にでも平気で抱かれるような女に仕上げた上、移籍料名目で借金を背負わせた上、地方の風俗街に売ることが実際に行われている。もちろん移籍料は男が取り、女は借金と覚醒剤のため、長いこと苦界に身を沈めて売春業者にいわれるまま身を売り続けるわけだ。彼女は逃げないよう二四時間規則で縛り、監視もつける。

だが、とはいえ、女性の自立心の賜物か、合理的思考の成果か、今では同じ売春をするなら、男にピンハネさせずに自分の取り分が多くなる、「じか張り」を行う女性が増えている。男が何らかの名目で彼女に債務を背負わせないかぎり、奴隷的に従わせ、管理売春することは難しくなっている。

暴力団の組員がシノギの一環として、こうした女衒的なヒモになることは十分あり得る。これが組織的に拡大した形としては、たとえばフィリピンやタイ、東欧などから女性をダンサーや歌手名目で日本に入れ、各地の特飲街に売ることも少し前までは行われていた。パスポートを取り上げた上、監視下に起き、ときには覚醒剤やヤーバーを与えて意のままに売春させる。この場合、覚醒剤や薬物は女性の支配と搾取の道具になるわけだ。

一般的な話になるが、前出の木佐貫によれば、シャブ屋（覚醒剤の密売屋）は何よりも信用が大切で、逮捕されてもネタ元を決して言ってはならない、客の名前も言ってはならないというのが絶対の鉄則という。これさえ守れば信用がつく、とも。

あとはネタ元（卸元）に借りをつくらない、客には純度の高いシャブを安く売る、口が固くカネを持っている良い客をいかに摑むか、客に対しては「貸さない、借りない、やらない、もらわない」の「四訓」を守ることが大事だと述懐している。

とはいえ、木佐貫自身がキメセクの期待に胸を高鳴らせ、相手の女性には惜しげなく多目の覚醒剤をタダで差し出している。木佐貫自身はかなり適当に、この「四訓」を運用しているらしいことは前に引いた彼の文章に明らかだろう。

乱用するのは中高年

ところで二〇一五年の全国警察における覚醒剤検挙人員は一万一〇二二人で、ほぼ前年並み（前年比六四人の増）という。年代別では、四〇代が三四・三％（三七七九人）、三〇代が三〇・七％（三三八三人）、五〇歳以上が二一・一％（二三二四人）となり、若年層の使用はむしろ減少している。

再犯率を見てみると、覚醒剤の再犯は年々増加傾向にあり、全体では六四・八％に達する。年代別で見ても、やはり若年層が低下している。すなわち五〇歳以上が八三・一％、四〇代が七二・二％、三〇代が五七・九％と、年代の上昇に比例して再犯率も上がっている。

覚醒剤事犯で検挙される年齢層は第三次覚醒剤乱用期のピークといわれる一九七五年では二〇代が半数を占めていたが、近年では四〇代以上の中高年が増え、二〇一六年では五五・四%を占めているという。

端的にいえば、キメセクに興味を持ちそうな年代の者が覚醒剤犯罪に手を染めやすいといえそうだ。

例により、麻取関係者のP氏に理由を聞いてみた。

〈なぜ中高年世代に多いのかは、薬物問題に詳しい弁護士が言ってます。「中高年は仕事が忙しく、人間関係やリストラ、資金難などから悩みや不安を抱え、いったん薬物に手を出すと切実さからエスカレートしやすい」と。そもそもこの説明は覚醒剤に手を出す要因や背景を言っているのではないか。確かに弁護士の言う通り、そういう要因を見ることができます。しかし、われわれ捜査現場はこれに加えて、次のような要因があるのではないかと見ています。あくまでも印象とか肌感覚に基づくもので、正式な分析結果ではないという前提で話すのですが……。

一つは中高年が初めて薬物に接した、経験あるいは情報に接した時期は大半が一〇代後半から二〇代前半と思われます。現在五〇代から六〇代ならば、一九七〇年代中盤から八〇年代にかけてと思われますが、そのころ薬物といえば、覚醒剤ですね。今のように合成麻薬は殆ど出回っておらず、危険ドラッグは存在しませんでした。耳にするのは覚醒剤、友人、知人が手を出すのも覚醒剤、最初に有機溶剤（シンナー等）を覚えたとしても、行き着く先は覚醒剤でした。大麻もありましたが、今ほどは流行してなかった。

こうした人が中高年になって薬物に手を出すとなれば、やはり覚醒剤になってくる。五〇代の乱用者から、「大麻もやったが、覚醒剤が一番だ」と、「危険ドラッグとか、わけの分からないものは怖い、手を出さない」という話を聞いたことがあります。

もう一つは若者の覚醒剤離れが進んでいる。これは事実です。官民一体となった薬物乱用防止活動が一定の成果をあげていると我々は見ていますが、一方で今の若者には覚醒剤イコール、シャブだ、やくざだ、怖い、ダサイというイメージがあるのではという印象も受けます。

最近ではネットを通じて多くの薬物情報が容易に入手できます。乱用薬物そのものが多剤化してこれらの薬物は安価で手に入ります。覚醒剤でなくても、もっと安価でお洒落な薬物が手に入るといった事情もあるのではないかと思います。

加えて覚醒剤の検挙者の半数が暴力団員です。暴力団が好んで使用する薬物といえば、歴史的にも覚醒剤です。シノギも覚醒剤。ところが近年、若者の暴力団離れが顕著です。するると、暴力団で逮捕されるのはほとんどが中高年になります。

覚醒剤をやって逮捕されるのは中高年です。その半分は暴力団です。だから中高年が逮捕者の半分を占めることになるのではないかとも思います。

さらにネットの拡大により、だれでも容易に覚醒剤を手に入れられる時代になりました。周りに覚醒剤仲間がいなくとも、ネットを介して匿名で手に入れることができる。そうなると情報が漏れにくい。すなわち逮捕されにくい。二〇代で覚醒剤を覚えて、次第に使用頻度が増えていって、三〇代で周辺者に察知され、それがきっかけになって三〇代で逮捕される。こういった状況で二〇代が見つかりにくい。長年少しずつやっているとか、ネットの拡大で犯罪自体がより潜在化したともいえるのではないか。

一部メディアが中高年が覚醒剤の密売人から狙われている、と報じていますが、これはわれわれもあながち否定できない。逮捕された乱用者はとかく話を小さくしたがります。密売人がその全容を供述することもめったにありません。

実態はよくわかりませんが、密売人の中には、「客は中年に限る。カネを持っている。社会的地位もあるから無茶打ちはしない」と言っている者もいます。密売人は暴力団、あるいは暴力団周辺層の中高年層が多いわけですから、彼らが客を開拓するとなれば、まあ中高年になるのではないかと思います。

いい客を摑めば、この世界では客が客を呼んでくれる。客が増えていくわけです。覚醒剤は精神依存が高い。依存性が極めて高いわけです。いったん依存に陥ると、回復はしますが、根本的には治癒（完治）しないといわれてます。つまり依存症に陥った人は、毎日使用したいという渇望を我慢しなければならない現実が続くわけです。だから、ひょんなことから容易に再犯に走る。

これが覚醒剤で再犯者が多いといった理由にもなりますけど、三〇代で逮捕され四〇代でまた逮捕される。懲役に行って帰って来て、また手を出す、と。しばらくやめていたけども、また嫌なことがあって、ふと頭の中に覚醒剤の効果が浮かんだ、また手を出す、そして五〇代でまた逮捕される。これが中高年の再犯率が高い理由だと思います〉

再犯率はどの程度なのか

再犯者のうち供給側ではなく、需要者側、つまり乱用者の再犯率はどの程度になるのか。一度依存者になると、年月を経ても何度も乱用を繰り返す危険が高いのか。

たとえば一九九六年当時、埼玉の女子高生の間でやせ薬として覚醒剤が流行《はや》った。今では彼女たちも三六歳ぐらいになる。こうした女性が再発することはあり得るのか。

〈個体差もあると思います。依存症は治療により回復しても治癒はしないと言われています。いわば慢性疾患ですね。しかし、自分で努力もして、完全に治癒はしてなくても、覚醒剤のことを忘れて、まじめにきちんと生きている人は数多くいます。脳の隅っこには覚醒剤の記憶が残っているかもしれないけど、全部が全部、再犯に走ることはありません〉

第六章　廃人はいかにして作られるか？

覚醒剤の副作用

覚醒剤の使用量は人によって大きく異なる。ふつうは一回につき〇・〇一～〇・〇二グラム以上の使用によって、急性中毒が起きるとされている。

急性中毒症状としては多弁、多動、振戦（手足などのふるえ）、不安、不眠、痙攣、常同行動（意味のない同じパターンの行為を繰り返す）などがあり、自律神経系の異常による中毒症状としては多量の発汗、呼吸数の増加、頭痛、頻脈、高血圧、不整脈などが現れる。また腸管運動が抑制され、便秘を起こすことが多くなり、悪心（気持ちが悪く吐きそうになる）、嘔吐が見られることもある。膀胱括約筋は収縮し、しばしば排尿困難となる。常同行動は覚醒剤に特徴的な中毒症状とされ、連用することでいっそう顕著になるとされる。

さらに譫妄状態になって錯乱し、意識水準の低下、見当識障害（時間や場所、周りの人や状況などを正しく認識できない）、幻視などの意識障害を伴った中毒性精神病反応を示す。重症の場合には高い発熱、痙攣、昏睡から虚脱状態に陥り、最後には心不全、脳出血から死に至るという（井上堯子、田中謙『改訂版　覚せい剤Q＆A——捜査官のための化学ガイド』）。

覚醒剤の薬効が消えると、それまでの過度な興奮の結果として疲労が残り、かったるさを感じ、ボーッとして憂鬱な気分になる。こういう状態から逃れるため、また覚醒剤使用時の爽快感と気分の盛り上がりが欲しくなり、反復使用する。こうして継続使用することで慢性中毒が起こるが、覚醒剤には耐性という現象がある。一回当たりの使用量を増やしていかないと、爽快感や高揚感、多幸感が得られなくなるのだ。耐性により次第に使用量が増え、人によっては初期使用量の二〇〜三〇倍にも達することがある。

幻覚妄想状態と躁鬱状態

覚醒剤の慢性中毒症状としては幻覚、妄想などの知覚・思考障害、感情障害、精神運動興奮などの意識・行為障害など多くの精神病像を示すが、これらは幻覚妄想状態と躁鬱状態に二大別される。

幻覚妄想状態とは、妄想気分、被害妄想、作為体験、対話形式の幻聴など、妄想型統合失調症に近い状態を示す。人格面では過敏や不安となり、怒りっぽく、些細なことで激怒する。さらにこれが発展すると「誰かに狙われている」「警察などが監視している」といったような被害、被毒、注察、嫉妬、妄想などが出現する。これら症状は次のように細分化されている。

・**関係妄想**――他人が自分のことを噂している。また聞こえる談笑の声が自分を話題にし、あざ笑っているように聞こえる。この関連で「電波受信妄想」もある。どこかの機関や人員が電波を発信し、自分はそれを受信でき、自分を話題にしていることが幻聴で分かる。

・**被害妄想**――自分は前方から歩いてくる男に殺されそうだと考える。

・**追跡妄想**――逃げても逃げても、誰かが自分を追いかけてくると感じる。

・**注察妄想**――つねに隣室や天井から覗かれ、監視されていると考える。

・**嫉妬妄想**――自分の妻や愛人が誰かと浮気しているのではないかと嫉妬する。

躁鬱状態とは、感情面で抑鬱的、あるいは躁的といえる状態と、被害関係妄想を併せ持つ状態である。つまり統合失調症的状態と躁鬱病的状態を併せ持つような精神病状態を呈する（前記『改訂版　覚せい剤Q＆A』）。

こうした状態に陥れば当然、理性的な判断などできるわけがない。対人関係がぎくしゃくし、次の「覚醒剤関連社会的障害」が生じる。どういうものか、列記すると――、

A・犯罪

①覚醒剤を入手するために恐喝事件や窃盗事件を起こす。

②自己使用分を浮かすため密売や新しい乱用者を獲得しようとするなど、次なる犯罪（者）を生む。

③覚醒剤精神疾患に関連した粗暴犯、特に覚醒剤精神病に基づく兇悪な犯罪を手掛ける。

④その他

B・家族問題

①暴力、別居、離婚などの重大な家庭問題を招く。

②子供の学校問題や非行問題を誘発する。
③その他

C・職業問題および経済問題
①怠業、失業など職業生活が破綻する。
②金銭問題を頻発させ、経済生活が破綻する。
③その他

D・社会的地位の低下
①喧嘩など対人的不適応行動を頻発する。友人や近親者などが自分から離反していく。
②覚醒剤の注射仲間が形成される。
③その他

E・その他

覚醒剤を買い、消費すること自体が組織暴力団へ資金を提供することになる。それにより社会の健全性を阻害する（昭和六三年厚生省薬務局麻薬課依存性薬物研究班『覚醒剤』による）。

また覚醒剤にはフラッシュバックと呼ばれる再燃症状が認められる場合がある。再燃症状とは薬物をやめ、身体が正常に戻った後にも薬物を使用していたときと同じような不安な気分が起こること。これを誘発する条件としては驚愕や心痛などがあり、また疲労、不眠、飲酒による酩酊時などに起こりやすいとされる。

「自分の勝手」では済まない

覚醒剤を使用することによるマイナスはおおよそ以上でカバーされよう。乱用者は程度の軽い、低いはあっても、将来にわたってこうしたマイナス要因を背負い続けなければならない。

総務庁が一九九八年に発表した「薬物乱用問題に関するアンケート調査」では、男子高校生の二七％が「薬物を使用することについて、どう思いますか」という質問に、「個人の自由だ」と回答している。

彼らの多くは「他人を傷つけたわけじゃないし、自分で覚醒剤を買って自分で使うのに、ぼくの身体がどうなっても、そんなの、ぼくの勝手じゃないですか」と弁護人に食ってかかるという（小森榮『ドラッグ社会への挑戦』）。

しかし薬物の依存症は、自分が起こした出来事の始末を全部自分でつけられるほど、甘くはない。友人関係や勤務先での交際は破綻するし、親兄弟や妻子まで事件に巻き込み、甚大な被害を与えずにはおかないのだ。

どうしても覚醒剤をやめられず、刑務所とシャバ、あるいは治療施設への往復で人生を終える人、友人や知人、親戚などが全て離れ、最後は刑務所で獄死する者、高齢でよれよれになっても買い手がいるかぎり、売春でその日の糧とシャブを入手し、最後は孤独死する人。職を失い、生活保護でかつかつ命をつなぐ人、それさえも許されず天涯孤独のホームレスになる人――悲惨すぎる終末は容易に想像できる。

このことは覚醒剤の密売所を営む者、つまりは加害者側も堂々認めることだ。

〈シャブの密売所をしていて、常連さんが顔を見せなくなったときは、死んでいるか、捕まって檻の中に入っているかのどちらかである。シャブを常習的に射っている者が、スッパリシャブから足を洗うことは、まず考えられない。

それほど、やめられないものなのだ。逮捕されて檻の中に入るか、病院に入りシャブを射ちたくとも射てない場所に拘束されて、身体からシャブが抜けたら、それを転機にシャブから足を洗うことは可能である。あるいはシャブを射ちたくとも永久に射てない。それは〝死〟以外にはない〉（木佐貫亜城『実録シャブ屋Ⅱ』）

華やかな有名スポーツ選手や芸能人であっても薬物の依存症が抜けなければ、同じ運命をたどる。メディアへの登場を許されず、事実上の失職に追い込まれ、配偶者から離婚を迫られ、子供からも遠ざけられる。すなわち家族を失い、無職となり、孤独死やのたれ死にを宿命づけられる。依存症から完全治癒し、何カ月か、何年か後、現実社会に復帰を許されるのはごく少数である。

悲惨な末路

覚醒剤を使用することの弊害は端的に「人間やめますか」と迫られるほど重く、厳しい。これより過酷な嗜好、悪習はそうそうはないだろう。もっともシャブ屋の木佐貫亜城のように、自身が覚醒剤を乱用しながら、ピンピンしている者が少数ながらいることはいる。生来的に覚醒剤に対して頑強な体質が存在するのかもしれない。しかし、あくまでもそれは例外であるということは強調しておきたい。

その木佐貫も、著書の中で覚醒剤中毒患者の悲惨な末路を描いている。ある時期、彼は覚醒剤中毒の症状が現れ始めた女性とつき合っていた。なにより覚醒剤とセックスが好きな女性だったらしい。二人でホテルに入ってはお互いに覚醒剤を打ってセックスに没頭し、覚醒剤が切れると、また打ってセックスし……というのを明け方まで一晩中続けていた。

木佐貫は自著に記している。

〈気になることがないわけではなかった。

そんなセックスをするのだから、明け方になるとお互いに疲労困憊して、ぐったりしたまま二人でマグロのようにベッドに横たわるだけとなる。そんなとき、女は「私、殺されるかもしれない……」などと言いながら、不安げな表情をして怯え、私にしがみついてきて、わけのわからないことをブツブツ言うことがあった。

シャブ中特有の典型的な被害妄想の症状だった。私は、やれやれ、と思いながら、そんな女を適当になだめて眠らせる〉

ある日、またしてもこの女性とホテルに入った。

〈明け方になったころ、私の愛撫にあられもない喘ぎ声をあげていた女が急に静かになり声を出さなくなった。見ると目を開いて天井をじっと見つめている。

「おい、どないしたんや！　せっかくワシが一生懸命やっとるのに……」

そう声をかけると、女はきょとんとして私を見た〉

〈二度目に女が静かになったとき、私はあきらめた。

（しゃあないなあ、翔んじゃったわ、やれやれ）

私が女を眠らせることを考えていると、息子もうなだれて納得したようだ。

そんな私にかまわず、女はじーっと天井に視線をこらしていた。私が手をとめて表情を見ていることなど眼中にないようだった。

「なにを見てんのや！　阿呆！」

女は、突然そう叫ぶと枕元にあったコップを天井めがけて投げつけた。コップは天井からはね返って、幸いなことに布団の上に落ちて割れることはなかった。

完全に翔んでしまったようだ。天井にだれかが隠れてのぞいている、という被害妄想に陥っているのである〉

木佐貫がやれやれと思ってタバコに火をつけると、女は「何の合図送ったんや！」と咎めた。「タバコ吸うただけやないか」と答えると、「そんなこと、あらへん！　指を口に持っていって合図したんや。なんの合図やー！」と起き上がり、木佐貫を睨んだ。

「天井に隠れているもんとあんたが一緒になって、私になにかするつもりやろ！」

これは先に見た幻覚妄想状態の中の注察妄想そのものである。

覚醒剤に関する木佐貫の持論はこうである。

〈シャブをなぜ射つのか？　それはシャブを射って行うセックスは、射たないでするセックスの数倍の興奮と刺激を昂め、男も女も羞恥心をかなぐり捨ててセックスに没頭できるし、破廉恥になって淫獣のごとく、互いにまさぐり合うことができるからである。ズバリ、シャブ乱用者はセックスのためにシャブを射つと断定しても過言ではない〉

だが、こうまで賞賛し、持ち上げるキメセクの最中に、木佐貫が体験したような事態が進行するとは、そうとうゲンナリする話ではないか。ふつうのセックスに数倍する興奮と刺激も、そのなれの果ての姿は悲惨である。

とどのつまり、女は入浴を勧める木佐貫に、

〈「わかった！　風呂場であんたの仲間と私を殺すつもりやろ！」と叫び、ホテルの浴衣だけで部屋を飛び出した。そのうちフロントのおばちゃんから「ちょっときてくんなはれ」と部屋にいた木佐貫に電話があった。行くと、「女のひとなあ〝助けて‼　殺される！〟って言いながら駆け込んできたんですわ。びっくりしたんですが、どこか様子

がおかしいよって別の部屋に入ってもろうとりますわ」〉

色気もやる気も吹き飛ぶ索然とする情景だろう。

ＡＳＫＡの手記を読む

薬物事件で逮捕された有名人が手記を発表したり、インタビューに答えたりした例はないわけではないが、そう多くはないうえに、いささか「綺麗ごと」の域を出ないものが多い。要は法廷で述べた悔悛の弁の延長線上のようなものが多いのだ。その点、異彩を放っているのが、歌手のＡＳＫＡの手記である。彼は二〇一四年九月、覚醒剤の所持と使用で有罪判決を受けたが、一六年一月、覚醒剤事件の経緯を詳細に記した大部のブログをネット上に発表した。本人は一時期、単行本として刊行することも考えていたらしい。

ブログは直後に何者かによって削除されたが、ネット上で全文が復活・掲載され、今では誰でも読むことができる。これが独特の率直さと生々しさのある手記なのだ。

おそらく一読して、多くの人が引っ掛かりそうなのが盗聴、盗撮への過度な言及と心労だろう。これもまた先ほどの「注察妄想」の典型のように見える、といえば、ＡＳＫ

Aは気分を害するだろうが、常識的にはそう考えるのが一番座りがよいように思う。以下、ブログに掲載された手記を読み進めながら、才能あふれるミュージシャンが転落していく様を見て行こう。

ASKAが薬物と出会ったのは約二〇年前のこと。一九九六年六月、ロンドンに滞在中、関係する会社の外国人スタッフから「今夜、クラブで盛り上がりましょう」と誘われた。行き、踊ってから席に戻ると、「ねぇ、これ要らない?」と見知らぬ男がエクスタシー(MDMA)を勧めた。ASKAは一錠を買い、言われるままトイレで半分を飲用した。

彼はアルコールが飲めないたちで、タバコも四〇歳から五〇歳まで肺の中に吸気を入れないよう用心しながら吸ったというから、心底から好きにはなれなかったのだろう。酒やタバコを受け付けない体質のために、余計ハイになりたい、何かに酔いたいと、長いこと願ってきたはずだ。

MDMAを身体に摂取してから四〇分後、

〈体が軽くなってフワフワとして行く。それは衝撃的だった。脳に掛けてあった鎖が外れたのが分かったのだ。見る見る楽しくなっていく。(略)周りに居る誰もが良い人に感じた。それがエクスタシーによるものだとは思ったが、こんなに素直になれるなんて最高じゃないか〉（ブログより、以下引用は同じ）

これがＡＳＫＡの薬物摂取の最初であり、同時に依存症へのきっかけになった出会いである。

帰国後、ＡＳＫＡはＭＤＭＡを入手したくなった。そこで東京の脳神経外科で看護師をしている従兄弟にＭＤＭＡを頼んだが、「覚醒剤と同じく麻薬指定されている薬らしい。医師が出せない、と言っているから」と断られた。

そこでＡＳＫＡはネットで探してみることにした。検索をかけたのだろう。ＭＤＡとエックスティシーという類似の薬物らしいのが引っ掛かったが、身元がバレそうな危険を感じて、両方とも購入を諦めた。

これで諦めたままだったら良かったのだが、そうはならなかった。一九九八年、ＡＳＫＡは喉の調子を悪くし、同時に寝付きも悪くなり、医者に睡眠導入剤「エリミン」を処方してもらうようになった。同じころに、大阪で、知人の相撲取りに紹介された飲食店のオーナーＹ氏（ブログでは実名）と親しくなった。

そのＹ氏と話していると「ＧＨＢという薬がありますよ」と教えられた（実際の記述

では誰が教えたか主語が示されていない。だが、前後関係からY氏と思われる)。GHBはガンマヒドロキシ酪酸の略称で、不眠症や鬱病に処方される薬だ。日本でも麻酔薬として使用されていたが、二〇〇一年麻薬指定され、無資格者による輸入や譲り渡し、所持、使用が禁止された。

「三時間きっかりで目が覚めるんですけど、一〇時間分の睡眠が取れるんですよ。オレ、今度購入しようと思ってるんですけど、一緒にオーダーしますか」

とY氏が言うと、

「頼む、頼む。すごく興味がある」

と、ASKAは購入を依頼した。

三週間ぐらい経ってGHBが配達された。飲用して一五分ぐらいたったころ、目が泳いできたのが分かった。景色が揺らぐ。

〈と、同時に幸せな気持ちで満たされた。「これって、あのエクスタシーの時と似てるじゃないいか」

忘れていた感覚が呼び戻ってきた〉

ASKAは毎晩のようにGHBを摂取した。しかし、ASKAにとって気に入った薬が入手、使用できた至福の時間は長く続かなかった。前記したように二〇〇一年一一月、日本の厚労省が麻薬指定したことで、一般人がＧＨＢを使うことは許されなくなったのだ。

二〇〇〇年、韓国政府に招かれ、韓国でライブをやることになった。が、招待される少し前、自宅の前に無線機を積んだ車が一週間ほど停まっていたことに気づき、ＡＳＫＡは知り合いの警察官に頼んで、毎日三時間置きに家の周りをパトロールしてもらった。「無線機を積んだ車」とはどういう車を指すのか。長大な発信アンテナでも車外に突きだしていたのか。それともテレビ局の中継車みたいな車だったのか。ＡＳＫＡはこのころから盗聴、盗撮を過度に意識し始めていく。

二〇〇六年ツアーの際、札幌でＳ（ブログでは実名）と名乗る得体の知れない人物と知り合った。漁師で何軒か飲食店を営んでいるらしい男だった。この人物もまたＡＳＫＡに薬物を斡旋してくれるようになる。

飯島愛との会話

ＡＳＫＡはＡＶ女優出身の飯島愛と友だちだった。九九年の「電光石火ツアー」を見に来てくれたことがきっかけで知り合ったという。

その飯島から二〇〇七年の夏、おかしな電話がかかってくる。

〈「どうしよう。私盗聴されてる」

「どうした？」

「私の行動、発言全部筒抜けになってる」

「相手は誰だか分かってる？」

「分かってる」（略）

完全に声が脅えてる。何とか落ち着かせようとする。

「ＡＳＫＡさん、嘘発見器持ってるって言ったよね？」〉

ＡＳＫＡはツアー先のホテルに泊まるとき、嘘発見器を持参することがあったという。

実際、嘘発見器で赤外線ワイヤレスカメラが部屋に仕込まれているのを発見したこともあるそうだが、一体どんな嘘発見器か、と狐につままれた気がする。

知り合いの刑事に頼んでＡＳＫＡは彼女のマンションに点検に行く。三人は天井裏まで調べるが、結局、刑事は盗聴器はないと診断する。

〈飯島は不服そうな顔をしながらも、安堵のため息をついた。

「それよりも、愛ちゃん寝なさい」（略）「心の病気、一歩手前だよ」〉

この電話の翌年、〇八年一二月、東京・渋谷のマンション自室で飯島は死去する。死因は肺炎とされている。

ただ、彼女も薬物と無縁の人生だったかといえば疑問である。本人は高校時代、シンナーによるキメセクで最高一一回絶頂に達したことなどを著書『PLATONIC SEX』で赤裸々に綴っているのだ。彼女が口にした盗聴云々もまた、注察妄想の一種に見える。

ＡＳＫＡは飯島から「パソコンって怖いんだよ。何でもできるって知ってる？」と聞かれ、彼自身もパソコン恐怖症を潜在意識の底に沈めていった。この頃から、彼もまた何者かによって「被害」を受けていると考えるようになっていく。

以下の文章は、意味が取りづらいところもあるのだが、本人の不安定な心境はよく表現されている。

〈時同じく、女友達が「ネット盗聴」「集団ストーカー」被害に遭っていた。誰に相談しても信じてくれないのだという。私もそうだった。「単なる気のせいだ」と、言ってしまったのだ。「何をやっても聞かれている」「生活のすべてを見られている」と言って聞かなかった。「もう、生きていけない」と言っていた。本気だったのだ。間もなくして彼女は自分の命を絶った。私は友人のサインに気づいてあげることができなかった。ある日、彼女の友人と名乗る女性が、友人を介して私と連絡をとりたいと言ってきたのだ。私は、その女性と数時間電話で話をすることになる。いろんなことが分かった。俄には信じがたいが「集団盗聴盗撮」「ネットストーカー」に巻き込まれていたのだった。ネット検索をしてみたら、事実「集団盗聴」「集団ストーカー」に苦しんでいる人たちが多く存在していた。私は亡き友人を死に追いやった犯人を突き止めようと、パソコンの前に座り続けた。いくつかの手がかりになる情報を得たからだ。単なる自殺で終わる話ではない。これは殺人だ。知人の警察官に事実を伝え相談したが、証拠が出て来ない限りお手上げなのだと言う。

ある日のことだ。情報を元にネットサーフィンしていたら、気になるページがあった。私が、その日に電話で喋ったことや、行動に酷似したことが、克明に書かれているのだ。毎日、毎日それは続いた。電話の内容などはすぐに書き込まれていく。偶然だとは思えない〉

もちろん人気歌手だけに、熱心なファンがストーカーまがいのことをする可能性を完全に排除はできないだろう。しかし、それにしても盗聴や盗撮の成果を次々ネットにアップするといったことは常識的には考えづらい。

しかし、ＡＳＫＡはそのように考えなかった。彼の不安は増すばかりである。

〈そのうち携帯を持っていると家の中の会話も（ツイッターに）書き込まれるようになった。家族との会話が公開されるのだ。ツイッターだが、そこにリンクを張っている連中のところはどれも盗聴の内容で埋められていた。

ある朝、携帯の前で、「オマエら、いい加減にしろ！　何が楽しいんだ！」こう、怒鳴ってみた。すると、「さあ、今日はなんと神のお声を頂きました。」と、書いてくる始末なのだ。電話の電源を切っていてもダメだった。また、友人に送ったメールの内容を読んだ感想をことごとく書かれる。同級生で刑事の友人に相談をした。「考えすぎだ。そんな事例はない。偶々行動や発言がリンクしているんだろう。日本のデジタル電話の波形は解読できない」

と言う。会社の連中も真に受けない。これだ。友人が死んだのは……。誰にも信じてもらえなかった。そして他人には相談できない〉

このような生活が二年近く続いた。ＡＳＫＡは心が弱ってきているのを感じ、初めて精神科医のカウンセリングを受けた。精神薬を処方されたが、飲まなかった。

〈健常者が飲んでしまうと、脳への刺激で本当に精神病になってしまう〉が、その理由だという。

彼は依然として盗聴、盗撮を感じ続け、ついに自宅仕事部屋の大改造を決めた。二〇一〇年三月、改造している間、西新宿のマンションの一室を借りる。Y氏は大阪で経営していたパブを畳み、近くに住んでいた。彼は風俗店の経営を始めた。

この西新宿でも盗聴、盗撮を感じ続けた。

〈火災報知器から観られているのではないかと思い、ブレイカーを落としてみる。調べてみると、火災報知器が盗撮器になっていることも珍しくない。目覚まし時計、ボールペン、コンセント、計算機、インターホンなどあらゆるものを疑った〉

ある日、盗聴器探索で有名な会社に連絡して調べてもらうことにした。翌日、係の人が来た。

〈「私ども、いろいろ忙しくやらせていただいておりますが、案件のほとんどはお客様が過敏になって引き起こす勘違いというケースが多いのです」

「そうですか。それでも安心を得たいのでよろしくお願いいたします」（略）

男は鞄からパソコンと発見器を取り出した。発見器の先に長いアンテナを装備し、パソコンには受信したものが波のように映し出されている。部屋は2LDK。（略）男は難しい表情を浮かべながら、隅から隅まで丁寧にアンテナを這わせる。約一時間かけて全部屋の探索が行われた。そして、

「心配いりません。盗聴器は仕掛けられておりません」

自信を持った口調で男が言う〉

だが、ASKAは調査員の回答に納得せず、マンションの管理人に電話してサーバーを管理する会社を聞き出したり、LANケーブルを引き抜いたりした。が、数時間後、LANをつなぐとパソコンが飛び、画面が真っ黒になった。

二〇一〇年六月、近所に住むY氏が遊びに来た。ASKAは彼に「3CPPって手に入るかな」と聞いた。3CPP（3‐クロロフェニルピペラジン）は合成麻薬の一種で、MDMAと混合して使われることが多いらしい。日本では二〇〇六年麻薬に指定され、もちろん違法薬物である。実は二〇〇三年ごろ仲間五人と集まったとき、一人が持参し、ASKAも試していた薬である。

Y氏は「ほな、連絡してみましょうか」と携帯を取り出し、どこかに電話した。

「はい？　今ない。冷たいヤツならある」

「冷たいヤツ」は覚醒剤の隠語だが、ASKAはそれを知らぬまま三〇万円分を買った。翌日、Y氏は3CPPを一、冷たいのを二持ってきた。ガラスのパイプもついている。

〈3CPPを吸ってみる。これが欲しかったのだ。一瞬フワッとしてすぐ消えた。やはり、一瞬にして目が覚める。次に冷たいのを吸ってみた。すると、ゾクッとして髪の毛が逆立つのが分かった。それから、四、五口両方が混ざったのを吸った。確かに、視界がキラキラして目が冴えている。私はアイテムを得たように強気になった。その夜、盗聴盗撮犯を朝まで（ネットサーフィンで）追った。

翌々日、身体に異変が起きた。朝から身体が怠い。じっとりした汗を掻いている。横になったまま、何もする気が起きない。気がつけばストンと落ちている。眠くて、眠くて辛い。耐えられない怠さだった。私はそれが、クスリの抜けてゆく時の症状だとは思いもしなかった。（略）

次に、冷たいのを吸ってみた。先日の髪の毛が逆立つ感覚はなかったが、身体が急に楽になったのだ。二口、三口吸うと、どんどん楽になる。その日も、朝まで（盗聴盗撮の）証拠集めを（ネット上で）した〉

これがASKAの覚醒剤初体験だったという。ロンドンで薬物の「魅力」を知ってから、時間がかかっている点は意外である。しかし、すでに見たように、ここまでにMDMAやGHB、3CPPなど覚醒剤に準ずる薬物を使っているから、彼の「盗聴、盗撮」への執着が薬物由来の被害妄想である可能性はやはり否定できない。

〈耐性がつくのが恐ろしく早い。私はすでに三週間も使用してしまっていた。何と言っても、薬の切れ目にやってくるあの怠さが恐怖なのだ〉

ASKAは札幌のS氏や、さらにS氏から紹介された暴力団組員からも覚醒剤やMDMAを仕入れる。まだ延々とASKAの手記は続くのだが、この辺りで彼の薬物遍歴を辿るのはやめておこう。

彼は一緒に逮捕された一〇年来愛人関係にあった会社勤めの女性（事件時三七歳、東京高裁で控訴棄却、覚醒剤の所持で有罪）について、「ナチュラルハーブを半分にして分け合ったことがある」とは認めても、彼女が覚醒剤やMDMAを使用したことは一貫して否定している。つまり彼女の覚醒剤使用での有罪は冤罪だというのだが、このあたりの真偽はわからない。「ナチュラルハーブ」という名称やそうしたセールストークで売る危険ドラッグもあるから、覚醒剤の類似物質が混入し、尿や毛髪に覚醒剤使用の痕跡が出た可能性もあるだろう。

ダルクの有効性

ＡＳＫＡは執行猶予つきの判決の後、入院。その後、約二カ月間、群馬県の藤岡ダルクに入った。

〈ダルクとは民間の薬物依存症リハビリ施設で「どんな薬物依存者でも必ず回復できる」という希望のメッセージを伝える活動を行っているところだ。全国に施設がある。私には薬物依存の症状はなかった。ダルク入りを拒んだが、担当医師から強制的に入寮させられた。そこは山中にある元ホテルを改造したところだった。スタッフも薬物依存から立ち直った者ばかりだ。入居者とスタッフの信頼関係は厚かった〉

薬物事件関連の報道でよく耳にするダルクとは東京、大阪、名古屋、福岡、沖縄、横浜、仙台などにある、薬物依存症からの回復を目指す人たちのためのリハビリ機関で、非営利団体である。入寮期間は標準三カ月で、その間は生活費的に費用を支払う。女性専門施設や外部から通うためのデイケア施設や電話相談を受けている施設もあるという（小森榮『ドラッグ社会への挑戦』）。

薬物依存症から回復するための医療施設やダルクは実際に有効なのだろうか。厚労省麻取関係者のP氏に確かめてみた。

〈この辺のところは専門分野ではないので、詳しいことはお話しできませんが、医療機関やダルクのプログラムについては、依存から立ち直りたいと思っている人たちには確かに有効です。しかしながら、実際にそういった施設や民間団体、受け皿自体が少ないというのが現実です。国の方では自治体や民間とも連携しつつ、全国にそういった専門の医療機関を増やしていこうとしているのだが、専門医や専門家が不足している現実がある。薬物依存者に向き合うのを避けたがる医師もいると聞きます。

実際にそういう施設に自ら進んで入るとか、親に連れられて、誰かに勧められて入る人であって、治癒プログラムを継続していれば、回復する可能性は高い。しかし、そもそも、そういったリハビリ施設に入ろうとする人間が依存者の中にどれほどいるのかが問題です。残りの大半は最初からそういうところに行こうという意思がないとみられ、これを解明し解決するのが一つの課題となる。

薬物問題は、社会問題の中でも優先順位を格上げして、地域全体で取り組まなければ、なかなか対応しきれない問題で医療機関だけでは不可能です。依存者を回復に導き、最終的には社会復帰させなければならない。それができないと、依存者はまた薬物使用を

繰り返す。そのためには医療機関をはじめ、地域の多くの機関・団体が連携して時間をかけ根気よく取り組むことが求められる〉

田代まさしや清水健太郎はこれまで何度も薬物の乱用で逮捕されてきた。だが、酒井法子などは完全に止めたように見える。その差はどこから来るのか。人それぞれの人間性なのか、薬物を止めなければならないという必要性の差なのか。今後、清原和博は薬物と縁が切れるのか、次々と疑問が湧く。

〈依存の度合いにもよるが、結局、当人の依存症との向き合い方だと思います。依存症という慢性疾患とどう付き合うか。そこが一番大事だと思う。それと、環境だ。立ち直っていく環境がいかに設定されているかということ。支援者がいるかどうかも重要です。

酒井法子や清原のみならず、覚醒剤常習者が立ち直るか否かは何ともコメントできません。もちろん覚醒剤が手に入る環境にいるとか、あるいは享楽的な生活を続けるなら、元に戻る可能性は高い。回復したいと本人が強い意識を持って対応していかなければ、なかなか懲役に行っても、病院に入っても、出てきたら使用を繰り返してしまう。それが依存症。それと薬物乱用のリスクを知らなければ、体を壊すとか、他人に迷惑をかけるといったリスクばかりでなく、社会的なリスクがものすごくある。その辺りを強く意識できなければ、出たり入ったりを繰り返すし、最後には人生を失うことになる〉

逮捕の代償

二〇一六年六月から、刑の一部執行猶予制度が始まった。覚醒剤犯罪に限ったことではないが、これまで覚醒剤がらみの犯罪に対しては実刑か、執行猶予つきか、二種の判決しかなかった。

これに対して一部執行猶予制度は「懲役二年、うち六月を二年間の保護観察つき執行猶予」などの形で判決が出る。これで三つの判決パターンができたわけだ。どういうことか。

具体的に右記の判決でいえば、まず最初の一年六カ月を刑務所で服役した後、釈放され、次に猶予される六カ月間については二年間の執行猶予期間中となり、たいていの場合はその間、保護観察所に通い、毎回のように教育課程を受講し、簡易尿検査を行って薬物摂取の有無を調べることになる。

覚醒剤依存症の者は刑務所を出た直後にバイ人に会い、覚醒剤を摂取して逮捕され、また刑務所に逆戻りというケースが多いのだが、一部執行猶予つき判決ではそのようなことは許されない。執行猶予期間中に摂取すれば、尿検査で摂取が露呈し、刑務所に逆戻りだから、否応なく出所後も乱用を慎まなければならないのだ。

覚醒剤の所持、使用という犯罪に対しては刑務所で服役させるより、社会に置いた方がより効果的に薬物依存を断ち切れるのではないかという判断に基づく刑の形である。

これに対して麻取側はどう見ているのか。P氏の話。

〈刑の一部執行猶予制度は、画期的な制度だと思っています。薬物犯罪については、三年以下の懲役か禁固の判決を受けた者の中で、薬物使用等の罪を犯した者について、これらの刑の一部を一年以上、五年以下の間で猶予するというものです。その刑の執行猶予中については必ず保護観察がつく。

すでに全国各地の裁判所で判決が出され始めている。保護観察は当然のことながら、保護観察所と保護司が担当する。専門的なプログラムの実施と自発的意思に基づく簡易薬物検査も採用されている。また、地域医療機関や精神保健福祉センターなどとの連携も強化されており、薬物依存のある刑務所出所者等に対する支援が進められている。

厚労省は依存症治療を全国均一で受けられるよう治療・回復プログラム等の開発を目的とした全国拠点機関を一カ所設置。都道府県は専門医療機関五カ所を治療拠点機関と指定し、地域の医療機関やダルクなどの自助団体と連携して依存対策を進めている。刑の一部執行猶予制度をはじめ、これらの取り組みは、前例のない施策だと我々現場は評価し、これが順調に運べば再犯者が減少するのではないかと期待している。しかし年間二〇〇〇人くらいが一部執行猶予制度の対象になるのではないかと推計されており、「専門医療機関や専門家が圧倒的に不足している。医療機関や相談機関には他の多くの課題もありどこまで対応できるか」との精神医療に詳しい専門家の声もあり、この点が心配されるのも事実である。

我が国は取締りに関しては、きちんとした制度のもと順調に進んでおり、正規麻薬(医療用麻薬)の横流しも皆無で、不正事犯の摘発も概ね上手くいっている。世界レベルで見ると奇跡のような話だ。他方、依存対策については遅れているとの指摘もあり、これが今後の重要な課題になる。

薬物対策は、①正規麻薬等の厳格な管理、②不正麻薬・覚醒剤等の取締り、③予防啓発、そして④依存・中毒対策。この四つが上手く行ってこそ成果があるというもの。④

の依存対策のみが未だ途上にあることから、これを強く進め、依存者を回復、社会復帰させなければならない。それがこれからの日本の薬物対策の課題だろう〉

生涯経験率の意外な高さ

厚労省の研究班の調査では覚醒剤の生涯経験率は〇・四％とされる。

人口一億人として約四〇万人。アンケート調査なので少なく答えている可能性があるため、少なくともこの倍以上、一〇〇万人はいると推計されている。薬物全体の生涯経験率は一％だから、全体では二〇〇万人以上がいるはずである。

このうち薬物で逮捕される者は年間一万五〇〇〇人、覚醒剤に限れば一万二〇〇〇人前後である。

この数字を見れば、経験者がすべて逮捕されるわけではないことになる。しかし、だからといって一時の快楽のために、ちょっとした好奇心で手を出すにはあまりにもリスクが大きいことは、ここまでに見たように明らかである。本人の意図とは離れて、ASKAの手記はそのことを示しているのではないか。

覚醒剤はよく「前借りのクスリ」といわれる。寝ないで頭や身体を動かしていたければ、明日の分、明後日の分までエネルギーを前借りできる。セックスにおいても同じである。一週間先の快楽さえ前借りできる。しかし前借りの利息はべらぼうに高く、三〇〇％、五〇〇％の利息では済まず、場合によっては一生涯かけても払いきれないほどの利息を要求してくる。覚醒剤が抜けた後、身の置き所がないほどの倦怠感や虚脱感に苦しめられるだけではない。ときには病気になるよう要求され、甚だしい場合には命さえ支払わされる。しかも覚醒剤の使用は犯罪なのだ。執行猶予になろうと、短期間であっても身体を拘束され、社会から指弾・排除され、悪評の前科前歴は一生涯ついて回る。

覚醒剤など、薬物が提供する前借りシステムはあまりに割に合わなすぎる。これほどの高利は他にあり得ないのだ。この意味で「覚醒剤やめますか、それとも人間やめますか」は真実を語る至言なのだ。多幸感や快楽は人間あってこその話であり、人間を否定して幸福や快楽など存在するわけがない。現在、覚醒剤の使用や所持は有罪だが、万一覚醒剤が合法化されても使用すべきではない。刑法的には無罪でも、覚醒剤そのものが人体に加える罰があまりにも苛酷《かこく》だからだ。未使用の人は生涯、避けて通らなければならない。

本書は書下ろしです。

図版製作：ブリュッケ

［著者・公式ホームページ］
「溝口敦の仕事」
http://www.a-mizoguchi.com/

溝口 敦　1942(昭和17)年東京生まれ。ノンフィクション作家。早大卒。2004年、『食肉の帝王』で講談社ノンフィクション賞受賞。『山口組動乱!! 2008～2015』『暴力団』『続・暴力団』など著作多数。

Ⓢ新潮新書

698

薬物《やくぶつ》とセックス

著者 溝口《みぞぐち》 敦《あつし》

2016年12月20日　発行

発行者 佐藤隆信

発行所　株式会社新潮社

〒162-8711　東京都新宿区矢来町71番地
編集部(03)3266-5430　読者係(03)3266-5111
http://www.shinchosha.co.jp

印刷所　錦明印刷株式会社

製本所　錦明印刷株式会社

ISBN978-4-10-610698-9　C0236

価格はカバーに表示してあります。

溝口敦◎新潮新書の好評既刊

434

暴力団

世界一わかりやすい〝わるいやつら〟の基礎知識

なぜ暴力団はなくならないのか？　学歴、年収、出世の条件とは？　覚醒剤や野球賭博でどうやって儲けるか？　女はヤクザになれるか？　なぜヒモが多いか？　刺青や指詰めのワケは？　芸能界や警察との癒着は？　ヤクザが恐れる「半グレ集団」とは？　出会った時の対処法とは？……その筋をも唸らせた第一人者がやさしく解説。

492

続・暴力団

世界一わかりやすい〝闇世界〟の最深情報

暴力団排除条例は、新たな恐怖の始まりだ。殺傷される市民、襲撃される企業、私刑される警察官……条例施行後に頻発する兇悪事件。なぜ一般人が狙われるのか？　九州で兇行が頻発するワケは？　警察は無力か？　シノギの新しい手口とは？……組長や組幹部が裏事情を激白！　知らないではすまされない最深情報を、第一人者が説く。